Paul Mehlhorn

Aus den Quellen der Kirchengeschichte

Paul Mehlhorn

Aus den Quellen der Kirchengeschichte

ISBN/EAN: 9783743636613

Hergestellt in Europa, USA, Kanada, Australien, Japan

Cover: Foto ©Lupo / pixelio.de

Weitere Bücher finden Sie auf **www.hansebooks.com**

Aus den Quellen

der

Kirchengeschichte.

Von

D. Paul Mehlhorn,
Pastor an der evang.-reformierten Gemeinde zu Leipzig.

1. Heft: **Bis Konstantin.**

Berlin.
Druck und Verlag von Georg Reimer.
1894.

Der

hochwürdigen evang.-theol. Fakultät

zu Bern

gewidmet

als spätes und bescheidenes Zeichen des Dankes

für

ehrendes Vertrauen.

Vorwort.

Schon in Jahrgang 1888 der „Zeitschrift für praktische Theologie" habe ich S. 322 ff. den Plan eines kirchengeschichtlichen Quellenbuchs kurz entwickelt, dessen Herstellung ich, damals Religionslehrer am Heidelberger Gymnasium, mir bereits seit Jahren vorgenommen hatte, da das „Kirchengeschichtliche Lesebuch" von Noack (Berlin, Stricker, 1879) mir zwar einstweilen als ein willkommenes Hilfsmittel erschien, aber meinen Anforderungen doch nicht völlig entsprach. Einmal ist es mir nicht reichhaltig genug, auch in seiner 1890 erschienenen zweiten, vermehrten Auflage nicht; sodann hielt ich eine grössere Selbständigkeit gegenüber den vorhandenen Uebersetzungen der Kirchenväter (Kempten, Kösel'sche Buchhandlung) für notwendig, als sich Noack nach seiner eigenen Erklärung (in der Vorrede) zur Aufgabe gemacht hat; endlich schien mir ein nicht unbeträchtlicher Apparat von Anmerkungen ganz unerlässlich.

Inzwischen ist mir, der ich immer nur über ein kärgliches Mass von Mussestunden verfügt habe, Pfarrer Ludwig, Seminarlehrer in Schiers (Graubünden) mit der Herausgabe eines „Quellenbuchs zur Kirchengeschichte" (Davos, Richter, 1891) zuvorgekommen. Dieses Werk ist viel weitschichtiger angelegt als das Noacks; der 1. Teil, der bis Konstantin reicht, umfasst 331 S. Gross-Octav. Hier begegnet uns oft an der Spitze eines Abschnitts die Bemerkung „übersetzt vom H[erausgeber]", wenn dies auch nicht die Regel ist, da der Verf., wie er selbst sagt, von jeder grösseren Bibliothek entfernt wohnt; auch fehlt es nicht an erläuternden Anmerkungen und einem orientierenden Register. Trotzdem hielt ich die Veröffentlichung meiner Sammlung nicht für überflüssig. Zunächst wird es gut sein, in Bezug auf den Umfang zwischen diesen beiden Vorgängern die Mitte zu halten. Wenn jeder der 6 Bände, auf die Ludwigs Werk berechnet zu sein scheint, die gleiche Grösse und den gleichen Preis hat (4 Mk. 80 Pf.), so wird das manchem aus dem ins Auge gefassten Leserkreise zu viel sein. Ferner habe ich den Vorteil, eine Universitätsbibliothek am Orte zu haben, dazu benutzt, die **Urtexte** — mit ausdrücklich angegebenen Ausnahmen — **selbst zu übersetzen** und auch in den Anmerkungen zu berücksichtigen. Diese führen nämlich teils besonders wichtige Ausdrücke oder berühmte Stellen im Grundtext an, teils ermöglichen sie durch Beifügung schwieriger oder mehrdeutiger Worte oder Sätze des Urtextes die Kontrolle der Uebersetzung. Ausserdem schlagen sie Brücken zu verwandten Abschnitten des Buches und helfen somit Entwicklungsreihen bilden. Sie geben ferner Notizen über die Verfasser und die besten oder neuesten Ausgaben ihrer Werke sowie sachliche Erläuterungen oder Ergänzungen aus den Quellen und aus der neueren Literatur. In den letztgenannten Beziehungen stehen sie mit Ludwigs Absichten im Einklang. In der Uebersetzung selbst bezeichnet die eckige Klammer einen dem Sinn entsprechenden und ihn deutlicher ausdrückenden Zusatz, die runde Entbehrliches oder gar das Verständnis Erschwerendes. An einigen Stellen, wo ich mit meinem eigenen „Latein" — oder auch Griechisch — zu Ende war, hat mir insbesondere mein Freund und ehemaliger Kollege, Prof. Dr. S. Brandt, mit dankenswerter Bereitwilligkeit philologischen Rat erteilt.

In der Anlage stimme ich nur insofern mit Ludwig überein, als auch ich, der üblichen Perioden-Einteilung gemäss, eine Anzahl von Abteilungen herauszugeben wünsche. Dies hat nicht allein den

Vorteil, dass jedermann zunächst bloss den Teil sich anzuschaffen braucht, nach dem er gerade ein Bedürfnis empfindet, sondern auch den andern, dass der Verf. für seine weitere Arbeit die Ratschläge der Kritik verwerten kann. Im Uebrigen entspricht Ludwigs Inhaltsverzeichnis wohl mehr dem Charakter einer Chrestomathie der altchristlichen Literatur, während das meinige durchweg nach sachlichen Rubriken geordnet ist und durch seine bis ins einzelne gehende Gliederung ein Register hoffentlich unnötig macht.

Schon Ende 1891 sollte meine Arbeit veröffentlicht werden; dass es erst jetzt geschieht, hat auf Seiten des Herrn Verlegers seinen Grund im Setzerstreik, auf meiner Seite in einem wichtigen Berufswechsel. Seitdem ist das 1. Heft der „Quellensätze zur Kirchengeschichte" von Auerbach (Gera, Hofmann, 1893) erschienen, das auf meine Sammlung keinen Einfluss mehr geübt hat, obgleich selbstverständlich auch wir verschiedene wichtige, ja unentbehrliche Stücke mit einander gemein haben. Erst nachträglich werden mir leider Preuschens Analecta bekannt. Da sie aber erstlich nur die Geschichte der Verfolgungen und des Kanons betreffen und zweitens keine Uebersetzung bieten, so hätte ich ihrethalben keinen Grund, meine Sammlung zurückzuziehen. Gwatkins selections from early writers illustrative of church history to the times of Constantine (London, Macmillan, 1893) kenne ich bloss aus Lüdemanns Anzeige im Theol. Jahresbericht XIII, 151 f. Neu aufgenommen habe ich noch einen kürzlich aufgefundenen libellus aus der Decianischen Verfolgung, S. 108 f.

Ueber die Auswahl lässt sich natürlich leicht streiten; insbesondere würde ein Kirchenhistoriker von Fach wohl manches noch anders und besser gemacht haben. Ich habe, soweit es mir möglich war, die zuverlässigsten, ältesten Quellen benutzt und das Sagenhafte möglichst bei Seite gelassen, ausser, wo gerade dieses für die Geschichte von bedeutsamer Wirkung gewesen ist, wie in der Biographie des Petrus. Oft habe ich mich begnügt, eine Gattung durch Ein charakteristisches Beispiel vertreten zu lassen; so die heidnische Polemik und die christliche Apologetik. Dass der Repräsentant jener, Celsus, vor den Repräsentanten dieser, Justin, gestellt ist, obgleich er später schreibt als dieser, wird wohl durch das logische Verhältnis von Angriff und Verteidigung überhaupt gerechtfertigt sein. Besonders komplicierte Systeme, wie das des Gnostikers Valentin, habe ich in Anbetracht des weiteren Leserkreises, für den ich schrieb, trotz ihrer geschichtlichen Wichtigkeit nicht zur Veranschaulichung der Gruppe, der sie angehören, herangezogen.

Möge denn, was ich geboten habe, den Religionsunterricht der höheren Schulen beleben und vertiefen helfen, aber auch manchem Studenten und Pfarrer, hie und da auch einem sonstigen gebildeten Geschichtsfreunde willkommen und dienlich sein!

Leipzig, Mai 1894.

P. Mehlhorn.

Inhaltsverzeichnis.

                                                                                     Seite

Vorwort V

I. Lebensausgänge von Männern des apostol. Zeitalters. 1—5
   1. Petrus und Paulus.
      a) Ihr Märtyrertod in Rom.
         α) Clemens Romanus, An die Korinther, c. 5 1
         β) Eusebius, Kirchengeschichte II, 14, 6 u. II, 25, 5-8 . 2
      b) Römisches Bistum des Petrus.
         Hieronymus, Ueber berühmte Männer, c. 1 3
   2. Johannes.
      a) Aelteste Nachricht über seinen Tod. Papias bei Philippus von Side 3
      b) Ephesinischer Aufenthalt. Irenaeus, Gegen die Irrlehren III, 1 3
      c) Das Testament des Johannes. Hieronymus, Kommentar zu Gal. 6, 10 4
   3. Jakobus, der Bruder des Herrn.
      Josephus, Jüdische Altertümer XX, 9, 1 4

II. Altchristliche Sitte und Sittlichkeit . . . . 5—20
   A. Sittliche Zustände . . . . 5—13
     1. Gesamtbild des Gemeindelebens.
       Tertullian, Apologeticum, c. 39 5
     2. Bewährung der Liebe in Not und Tod.
       a) Während der Pest zu Alexandria (um 264). Eusebius, K. G. VII, 22, 7 ff. 8
       b) Während der Pest und Hungersnot in Kleinasien um 312. Euseb., K. G. IX, 8, 13 f. 9
     3. Licht und Schatten.
       a) Brief an Diognet, c. 5 f. 9
       b) Cyprian, Ueber die Gefallenen, c. 6 11

Inhaltsverzeichnis.

Seite

4. Kirchenzucht . . . . 12—13
   a) Tertullian, Ueber die Busse, c. 9 f. 12
   b) 4. Kanon von Ancyra 13
B. Zur Sittenlehre . . . . 13—20
   1. Doppelte Sittlichkeit. Lehre der 12 Apostel, c. 6 . . 13
   2. Werkgerechtigkeit. Cyprian, vom Werk und von den Almosen, c. 2. 5. 9. 26 14
   3. Einzelvorschriften. Clemens Alexandrinus, Pädagog III, 11, 53 ff. 15
III. Verfassung der alten Kirche . . . . 20—31
   A. Gemeindeverfassung . . . . 20—28
     1. Kollegialische Gemeindeleitung. Lehre der 12 Apostel, c. 11. 13. 15 20
     2. Monarchische Gemeindeleitung 22
       a) Männliche Gemeindebeamte.
         α) Höhere Geistlichkeit. Bischöfe, Presbyter, Diakonen. Ignatius, An die Magnesier, c. 6 . . . 22
         Derselbe, An die Philadelphier, c. 7 23
         Landbischöfe: 13. Kanon von Ancyra 23
         13. Kanon von Neucäsarea . . . 23
        β) Niedere Geistlichkeit. Eus., K. G. VI, 43, 11 . 24
       b) Weibliche Gemeindebeamte.
        α) Witwen oder Presbyterinnen 24
        Aufgabe: 12. Kanon des 4. Konzils v. Karthago 24
        Abschaffung dieses Amtes im Orient: 11. Kanon von Laodicea 25
        Fortbestand i. Occident: Hieronymus zu 1. Tim. 3, 1 25
        β) Diakonissen. Apost. Konst. III, 15 25
        Hieronymus zu Röm. 16, 1 26
      c) Städtische Parochial-Einteilung. Epiphanius, Gegen die Irrlehren 69, 1 26
      d) Lebensunterhalt des Klerus.
        α) Apost. Konstitutionen II, 25 26
        β) Cyprian, Brief 39, c. 5 27
        γ) 48. Kanon von Elvira 27
      e) Ansätze zur Einführung des Priestercölibats.
        α) 33. Kanon von Elvira 28
        β) 1. Kanon von Neucaesarea 28
        γ) 10. Kanon von Ancyra 28
   B. Synoden . . . . 28—29
     a) Tertullian, Ueber das Fasten, c. 13 28
     b) Firmilian an Cyprian, c. 4 29
   C. Der Begriff der katholischen Kirche . . . . 29—31
     a) Ignatius, An die Smyrnäer, c. 8 29
     b) Cyprian, Ueber die Einheit der kathol. Kirche, c. 5-7 . 30

Inhaltsverzeichnis. XI

	Seite
D. Zur Entwicklung des römischen Primats	31
a) Tertullian, Ueber die Keuschheit, c. 1	31
b) Firmilian an Cyprian, c. 6 u. 17	31
IV. Altchristlicher Kultus	32—58
A. Heilige Handlungen	32—45
1. Verlauf des gesamten Gottesdienstes. Justin der Märtyrer, Apologie I, c. 65-67	32
2. Gebet und Gesang	35
a) Das älteste erhaltene Kirchengebet. Clemens Rom., An die Kor., I, 59-61	35
b) Ein altchristlicher Hymnus. Clemens von Alex., Pädag. III, 12, 101	37
c) Die Haltung beim Gebet. Tertullian, Ueber das Gebet, c. 23	38
3. Die Taufe	39
a) Die kirchliche Taufe.	
α) Lehre der 12 Apostel, c. 7	39
β) Tertullian, Ueber die Taufe, c. 16-20	39
b) Die Ketzertaufe. Firmilian an Cyprian, c. 8 u. 18	43
4. Das heil. Abendmahl. Lehre der 12 Apostel, c. 9. 10. 14	44
B. Heilige Zeiten	46—52
1. Wochenfeiertage. Sokrates, K. G. V, 22, 42-46	46
2. Jahresfeste	46
a) Die Osterfrage. Eusebius, K. G. V, 23 u. 24	46
b) Pfingsten.	
α) Origenes, Gegen Celsus, VIII, 22	48
β) 43. Kanon von Elvira	49
c) Epiphanias.	
α) Clemens von Alex., Stromata I, 21, 145 f.	49
β) Cassianus, 10. Gespräch, c. 2	50
d) Märtyrertage. Rundschreiben d. Gemeinde zu Smyrna über das Martyrium des Polykarp, c. 18	50
e) Zusammenfassung. Apost. Konst. VIII, 32	51
C. Heilige Räume	52—58
1. Besondere gottesdienstliche Gebäude überhaupt. Lampridius, Alexander Severus, c. 49	52
2. Basiliken	52
a) Die Basilika zu Tyrus. Euseb., K. G. X, 4,2; 37 ff.	52
b) Gottesdienstliche Einrichtungen der Basilika. Apost. Konst. II,57	55
3. Grabstätten	58
Die Katakomben. Hieronymus, Komm. zu Ezechiel 40	58
V. Altchristlicher Glaube	59—95
A. Heidnische Polemik gegen das Christentum. Aus Celsus „Wahres Wort"	59—63

	Seite
1. Angriffe auf das Christentum	59
a) Allgemeine Beurteilung	59
b) Unglaubwürdigkeit der evangelischen Geschichte	59
c) Unwürdige Adresse der frohen Botschaft	60
d) Gegen die christliche Schätzung des Menschen	60
e) Gegen die Auferstehungslehre	61
f) Gegen den Weissagungsbeweis	62
g) Widersprüche zwischen christl. Lehren und Parteien	62
2. Vorzug des Judentums vor dem Christentum	62
3. Verteidigung und Empfehlung des Heidentums	62
B. Altchristliche Apologetik. Aus Justins Apologien	63—68
1. Abwehr des Vorwurfs der Gottlosigkeit	63
2. Nutzen des Christentums für den Staat	64
3. Weissagungsbeweis	64
4. Verhältnis des Christentums zum Heidentum	65
a) Uebereinstimmende Anschauungen	65
b) Erklärung der Uebereinstimmung.	
α) der gemeinsamen Wahrheitselemente	65
β) der irreführenden heidnischen Analogien	67
C. Aus der ersten christlichen Glaubenslehre	68—71
Origenes, Von den Grundlehren	68
D. Massstäbe des altkirchlichen Glaubens	72—81
1. Die apostolische Tradition. Irenaeus, Gegen die Irrlehren III, 3	72
2. Die Glaubensregel	73
a) Ignatius, An die Trallianer, c. 9	73
b) Irenaeus, Gegen die Irrlehren, I, 2	73
c) Tertullian, Ueber die Verschleierung d. Jungfrauen, c. 1	74
d) Symbolum apostolicum	75
3. Der werdende Kanon des N. T.	76
a) Der Muratorische Kanon	76
b) Der Kanon des N. T. nach Eusebius III, 25	80
E. Ketzer und Separatisten der alten Kirche	81—95
1. Die Gnostiker. Irenaeus, Gegen die Irrlehren, 1. Buch	81
a) Cerinth. a. a. O. c. 21	81
b) Saturninus. a. a. O. c. 18	82
c) Marcion.	
α) Justin, Apol. I, 26, 5	83
β) Irenaeus, a. a. O. c. 22	84
2. Die Ebioniten. Iren. a. a. O. c. 22	84
3. Die Montanisten	85
a) Zur Geschichte des Montanismus. Euseb. K.G. V, 14 ff.	85
b) Aussprüche des Montanus und der Seinen.	
α) Montanus. Epiphan., Geg. d. Irrlehren 48, 4. 11	87
Didymus, V. d. Dreieinigkeit, 41, 1	87

Inhaltsverzeichnis.

	Seite
β) Priscilla u. Maximilla. Epiph. a. a. O. 49,1 . . .	87
„ „ 48,12. 13. 2	88
γ) Ungen. Propheten. Tert., Von d. Flucht, c. 21 . .	88
Von d. Keuschheit, c. 21	88
4. Die Monarchianer	88
a) Leugnung der Gottheit Christi.	
α) Theodotus. Hippolytus, Widerlegung aller Irrlehren, 10, 23	88
β) Paulus von Samosata. Eusebius, K. G. VII, 27	89
b) Verwischung d. Unterschiedes zwischen Vater u. Sohn.	
α) Noëtus. Hippolytus, a. a. O. 10, 27	89
β) Sabellius. Sokrates, K. G. II, 19, 19 f.	90
5. Die Novatianer. Eusebius, K. G. VI, 43	90
6. Die Donatisten. Optatus von Mileve, Vom Schisma der Donatisten, II, 20; III, 3 f.; V, 3; VI, 7; VII, 2 . . .	91
VI. Christenverfolgungen	95—116
A. Voraussetzungen	95—97
1. Gesetze und Verordnungen	95
a) Aus der Zeit der Republik. Zwölftafelgesetze . .	95
b) Aus der Kaiserzeit.	
α) Sueton, Tiberius, c. 36	95
β) L. Paullus, Sentenzen, V, 21	96
γ) Spartianus, [Septimius] Severus 17, 1	96
δ) Tertullian, Apol. 10. 24. 28. 38	96
2. Volksstimmung. Tertullian, Apol. c. 40	97
B. Einzelne Verfolgungen	98—114
1. Verfolgungen, die nicht gegen die christliche Religion als solche gerichtet sind	98
a) Unter Nero. Tacitus, Annalen 15, 44	98
b) Unter Domitian.	
α) Sueton, Domitian, c. 15	99
β) Dio Cassius, Römische Geschichte, 67, 14 . . .	99
2. Partielle Verfolgungen der christl. Religion als solcher	100
a) Unter Trajan. Briefwechsel Plinius d. J. mit Trajan (Brief 96 f.)	100
b) Unter Marc Aurel.	
α) Brief der Gemeinden von Lyon und Vienne. Eus., K. G. V, 1, 55 ff.	103
β) Akten der Märtyrer von Scili in Numidien . .	104
3. Allgemeine und prinzipielle Christenverfolgungen . .	107
a) Uebergang: Unter Maximinus Thrax. Eusebius, K. G. VI, 28	107
b) Unter Decius.	
α) Die Verfolgung. Eus. K. G. VI, 39 ff.	107
β) Ein Libellus a. d. Zeit d. Decius. Papyrus v. Fayûm	108

c) Unter Diokletian.
α) Lage der Christen vor der Verfolgung. Eus., K. G. VIII, 1, 1-5 109
β) Die Verfolgung selbst. Eusebius, K. G. VIII, c. 2—6. 110
γ) Heidnischer Edelmut. Athanasius, Gesch. der Arianer für die Mönche, §. 64 113
C. Abschluss der Verfolgungen durch das Edikt von Mailand 114
Eusebius, K. G. X, 5 114

I. Angebliche Lebensausgänge von Männern des apostolischen Zeitalters.

1. Petrus und Paulus.

a) Ihr Märtyrertod in Rom.

α) 1. Brief des römischen Klemens an die Korinther, c. 5.[1])

Aus Fanatismus und Neid wurden die trefflichsten und gerechtesten Säulen[2]) verfolgt, und zwar bis zum Tode. Stellen wir uns die guten Apostel vor Augen. [Petr]us (?)[3]) erlitt infolge von ungerechtem Fanatismus nicht eine oder zwei, sondern mehrere Drangsale, und nachdem er so das Martyrium erlitten hatte,[4]) ging er an den [ihm] gebührenden Ort der Herrlichkeit. Infolge von Fanatismus[5]) hatte auch Paulus den Preis der Standhaftigkeit aufzuweisen.[6]) Nachdem er siebenmal Fesseln getragen hatte, verjagt, gesteinigt, ein Herold [Christi] im Osten und im Westen geworden war, hat er den herrlichen Ruhm seines Glaubens erlangt. Nachdem er die ganze Welt Gerechtigkeit gelehrt hat, bis zur Grenze des Westens[7]) gekommen ist und vor der Obrigkeit[8]) das Marty-

---

[1]) Patrum apostolicorum opera rec. O de Gebhardt, A. Harnack, Th. Zahn. Leipzig, 1875 ff. — Sehr zweifelhaft ist es, ob der Brief von Flavius Clemens, dem Vetter Domitians († 95; s. unten Abschn. IV B 1b), verfasst ist; spätestens stammt er aus der Zeit Hadrians (117—138). ‖ [2]) Vgl. Gal. 2,9. ‖ [3]) Dieser Name ist bloss Vermutung; der Text enthält eine Lücke. ‖ [4]) μαρτυ[ρήσας]. ‖ [5]) διὰ ζῆλον. Natürlich ist der Fanatismus der Nichtchristen (wohl Juden und Heiden) gemeint. ‖ [6]) [ὑπέδει]ξεν. ‖ [7]) Spanien? Nach Holtzmann, Handkommentar zum N.T. I, 325, ist Italien gemeint. ‖ [8]) ἐπὶ τῶν ἡγουμένων. Hier ist jedenfalls an die Obrigkeit in Rom zu denken, was entschieden für die Anm. 7 angeführte Ansicht Holtzmanns u. a. spricht.

rium erlitten hat, ist er so aus der Welt geschieden und an den heiligen Ort¹) gegangen, indem er das grösste Muster der Standhaftigkeit geworden ist.

β) Eusebius, Kirchengeschichte, II, 14, 6 und II, 25, 5-8.²)

c. 14. Sogleich nämlich noch unter der Regierung des Klaudius³) führte die allgütige und höchst menschenfreundliche Vorsehung, die über allen Dingen waltet,⁴) den gewaltigen und grossen unter den Aposteln, der seiner Tugend wegen der Wortführer⁵) aller übrigen war, Petrus, nach Rom gegen jenen mächtigen Zerstörer des Lebens.⁶)

c. 25. Paulus nun also, so erzählt man, wurde in Rom selbst enthauptet, Petrus ebenso unter ihm⁷) gekreuzigt. Und es bestätigt den Bericht die Widmung an Petrus und Paulus, die sich bis jetzt auf ihren dortigen Gräbern erhalten hat;⁸) nicht minder auch ein Mann der Kirche,⁹) Namens Gajus, der unter dem römischen Bischof Zephyrinus¹⁰) lebte. Dieser sagt in seinem schriftlichen Dialog mit Proklus, dem Vorsteher der kataphrygischen Sekte,¹¹) wörtlich folgendes über die Orte, wo die heiligen Hütten¹²) der genannten Apostel beigesetzt sind: „Ich kann die Trophäen¹³) der Apostel zeigen. Wenn du nämlich nach dem Vatikan gehen willst, oder auf den Weg nach Ostia, so wirst du die Trophäen derer finden, welche diese Gemeinde gegründet haben."¹⁴)

Dass aber beide zu gleicher Zeit den Märtyrertod erlitten, lehrt Dionysius, der Bischof von Korinth,¹⁵) in seinem Schreiben an die Römer in folgender Weise: „So habt denn auch ihr durch eure so dringliche Ermahnung die von Petrus und Paulus herstammende Pflanzung unter den Römern und Korinthern mit

---

¹) in den Himmel. ‖ ²) Eusebii Pamphili scripta historica, t. I., rec. Heinichen. Leipzig, 1868. Eusebius, Bischof von Cäsarea in Palästina, † 340. ‖ ³) 41—54. ‖ ⁴) ἡ πανάγαθος καὶ φιλανθρωποτάτη τῶν ὅλων πρόνοια. ‖ ⁵) προήγορον. ‖ ⁶) Simon den Magier. Vgl. Apg. 8. ‖ ⁷) Unter Nero. ‖ ⁸) ἡ Πέτρου καὶ Παύλου εἰς δεῦρο κρατήσασα ἐπὶ τῶν αὐτόθι κοιμητηρίων πρόσρησις. ‖ ⁹) ἐκκλησιαστικὸς ἀνήρ. Er war Presbyter. ‖ ¹⁰) 199—217. ‖ ¹¹) Vgl. unten Abschnitt V E 3. ‖ ¹²) d. h. Leichname. Vgl. 2. Kor. 5, 1. ‖ ¹³) d. h. hier die Grabmäler der Märtyrer-Apostel. ‖ ¹⁴) Das Grab des Petrus auf dem Wege nach dem Vatikan, das des Paulus auf dem Wege nach Ostia. An beiden Stellen stehen heute Kirchen, welche die Namen der Apostel tragen. ¹⁵) Um 170.

einander verbunden.¹) Denn beide haben sowohl in unserm Korinth eine Pflanzung angelegt und uns in gleicher Weise unterrichtet, als auch in gleicher Weise in Italien zusammen gelehrt und zu derselben Zeit den Märtyrertod erlitten.

b) Römisches Bistum des Petrus.

Hieronymus, Ueber berühmte Männer, c. 1.²)

Simon Petrus ... begab sich im 2. Jahre des Kaisers Klaudius zur Bekämpfung des Magiers Simon nach Rom und hatte dort 25 Jahre den bischöflichen Stuhl³) inne, bis zum letzten, d. h. 14. Jahre des Nero.⁴) Von ihm wurde er ans Kreuz geschlagen und mit dem Martyrium gekrönt, den Kopf nach unten und die Füsse nach oben, weil er sich für unwürdig erklärte, so gekreuzigt zu werden wie sein Herr.

2. Johannes.

a) Aelteste Nachricht über seinen Tod.

Papias, Auslegungen von Sprüchen des Herrn, 2. Buch.⁵)

Papias sagt in dem 2. Buche, dass Johannes der Theologe und sein Bruder Jakobus von den Juden erschlagen worden sind.

b) Ephesinischer Aufenthalt.

Irenaeus, Gegen die Irrlehren, III, 1.⁶)

Sodann gab auch Johannes selbst, der Jünger des Herrn, der an seiner Brust gelegen hatte, das Evangelium heraus, als er zu Ephesus in Asien verweilte.⁷)

---

¹) Der römische Klemens hatte in dem oben angeführten Brief (s. S. 1) die korinthische Gemeinde zur Einigkeit ermahnt und durch sein Schreiben zugleich das Band zwischen der römischen und der korinthischen Gemeinde befestigt, die beide als Gründungen der beiden Apostel Paulus und Petrus aufgefasst wurden. ‖ ²) De viris illustribus. Migne, Patrologie, Bd. 23, S. 607. Hieronymus † im Kloster zu Bethlehem 420. ‖ ³) Cathedram sacerdotalem. ‖ ⁴) 67. ‖ ⁵) Erhalten in neu aufgefundenen Auszügen aus der „Christlichen Geschichte des Philippus von Side" (um 430) bei C. de Boor in den von Gebhardt und Harnack herausgegebenen Texten und Untersuchungen, V, 2, 170. Papias, Bischof von Hierapolis in Phrygien, † nach 160. ‖ ⁶) Sancti Irenaei, episcopi Lugdunensis, libros V adversus haereses ed. Harvey, Cantabrigine MDCCCLVII. Irenäus, Bischof von Lyon, † um 200. ‖ ⁷) Vgl. auch III,3. Ebendaselbst wird das Zusammentreffen des Johannes mit dem Gnostiker

c) Das Testament des Johannes.[1]

Hieronymus, Kommentar zum Galaterbrief, c. 6,10.[2]

Als der selige Evangelist Johannes zu Ephesus bis zum äussersten Greisenalter weilte, kaum auf den Händen[3]) seiner Schüler zur Gemeindeversammlung[4]) getragen wurde, und seine Stimme nicht zu weiteren Worten mehr ausreichte, pflegte er nichts anderes in den einzelnen Versammlungen vorzubringen als dies: **Kindlein, liebet euch unter einander.**[5]) Endlich wurden die anwesenden Schüler und Brüder von Ueberdruss darüber erfüllt, dass sie immer dasselbe hörten, und sprachen: Meister,[6]) warum sagst du immer dies? Da gab er einen des Johannes würdigen-Ausspruch zur Antwort: Weil es das Gebot des Herrn ist, und weil es genügt, wenn nur dies geschieht.

3. Jakobus, der Bruder des Herrn.

Josephus, Jüdische Altertümer XX, 9, 1.[7]

Es schickte aber der Kaiser den Albinus als Procurator[8]) nach Judäa, nachdem er den Tod des Festus erfahren hatte. Der König aber[9]) entsetzte Joseph der Hohenpriesterwürde und gab dem Sohne des Ananos, der gleichfalls Ananos hiess, die Nachfolge im Amt. —

Der jüngere Ananos aber — — war ein überaus heftiger und verwegener Charakter und gehörte zur Partei der Sadducäer, welche im Gerichtsverfahren grausamer sind als alle [andern] Juden, wie wir schon gezeigt haben. Als ein Mann von solchen Eigenschaften glaubte Ananos, es sei jetzt, da Festus gestorben, Albinus aber noch unterwegs war, eine günstige Zeit für ihn; er berief daher das Richterkollegium[10]) und stellte vor dieses den Bruder Jesu, des sogenannten Christs,[11]) Jakobus mit Namen, und einige andere,

---

Cerinth erzählt; V, 30 wird die Offenbarung Johannis in die letzte Zeit Domitians verlegt; die Erzählung vom geretteten Jüngling, die Herders gleichnamigem Gedicht zu Grunde liegt, findet sich bei Clemens Alexandrinus, Quis dives salvetur? c. 42. (Euseb. Kg. III, 23, 5.) Noch andere Legenden bei Hieronymus. ‖ [1]) Vgl. Lessing, Hempelsche Ausgabe, XVI, S. 15 ff. ‖ [2]) Migne, Patrologiae tom. XXVI, p. 433. ‖ [3]) inter manus. ‖ [4]) ad ecclesiam. ‖ [5]) Filioli, diligite alterutrum. ‖ [6]) Magister. ‖ [7]) Ausgabe von B. Niese, 4. Band. Berlin 1890. Der jüdische Geschichtsschreiber Josephus † unter Trajan (nach 100). ‖ [8]) ἔπαρχον. ‖ [9]) Herodes Agrippa II, 50—100 n. Chr. Festus † 62. ‖ [10]) συνέδριον (den Hohen Rat) κριτῶν. ‖ [11]) Messias.

klagte sie der Gesetzesübertretung an und übergab sie zur Steinigung.¹) Die aber, welche als die mildesten unter den Bürgern und als verfassungstreu²) galten, waren unwillig darüber und schickten heimlich zum König, um ihn zu bitten, dass er Ananos den Befehl zugehen lasse, solches nicht wieder zu thun; denn er habe auch im [vorliegenden] ersten Falle nicht recht gehandelt.

II. Altchristliche Sitte und Sittlichkeit.

A. Sittliche Zustände.

1. Gesamtbild des Gemeindelebens.

Tertullian, Schutzschrift (Apologeticum), c. 39.³)

Nun will ich selbst das Treiben der Christenpartei schildern, um, nachdem ich das Schlechte [was ihr vorgeworfen wird] als unrichtig erwiesen habe, das Gute [was sie hat] darzulegen. Wir sind eine Körperschaft durch die gemeinsame religiöse Ueberzeugung, durch ein und dieselbe Zucht und das Bündnis der Hoffnung.⁴) Wir kommen zu einer Vereinigung und Versammlung zusammen, um uns gleichsam gegen Gott zusammenzurotten und betend ihn mit unseren Bitten zu umzingeln. Diese Gewalt[thätigkeit] ist Gott angenehm. Wir beten auch für die Kaiser, für ihre Diener und die Obrigkeiten, für den Zustand der Welt, für die Ruhe des Staates, für den Aufschub des [Welt-]Endes. Wir kommen zusammen zur Vergegenwärtigung der heiligen Schriften, wenn die Lage der Zeit nötigt, etwas warnend oder prüfend zu besprechen.

---

¹) Eine offenbar sagenhafte Ausschmückung dieses Berichts bietet Hegesippus (um 180) in seinen Denkwürdigkeiten (ὑπομνήματα τῶν ἐκκλησιαστικῶν πράξεων) bei Euseb. K. G. II, 23,3 f. ‖ ²) περὶ τοὺς νόμους ἀκριβεῖς bezieht sich wohl auf die Treue gegen die römischen Gesetze. ‖ ³) Ausgabe von Oehler, 1853. Tertullian, Presbyter in Karthago, † um 230. Seine Schilderung der christlichen Lebensordnung wird freilich von Harnack, Dogmengesch. I¹, 394, Anm. 2 für sehr unzuverlässig erklärt (?). ‖ ⁴) Corpus sumus de conscientia religionis et disciplinae unitate et spei foedere. — Consc. rel. könnte auch heissen: die Mitwissenschaft um die [Mysterien der-]selbe[n] Religion; disc. unitate auch: durch die Einheit der Verfassung.

Jedenfalls nähren wir durch die heiligen Worte unsern Glauben, richten unsere Hoffnung auf, stärken unser Vertrauen und befestigen unsere Zucht noch ausserdem durch die Einschärfung der Gebote; ebendaselbst finden auch Ermahnungen, Zurechtweisungen und göttliche Kritik statt.[1]) Denn es wird mit grossem Nachdruck Gericht gehalten, wie es bei Leuten natürlich ist, die gewiss sind, dass Gott sie sieht, und es ist ein tiefernstes Vorspiel des göttlichen Gerichts, wenn einer sich so vergangen hat, dass er von der Gemeinschaft des Gebetes und der Zusammenkunft und alles geheiligten Verkehrs ausgeschlossen wird. Den Vorsitz führen immer die bewährten „Aeltesten",[2]) welche diese Ehre nicht durch Geld, sondern durch ihren ehrenvollen Ruf erlangt haben. Denn um Geld ist keine göttliche Gabe käuflich.[3]) Auch wenn eine Art Kasse[4]) vorhanden ist, so wird sie doch nicht aus einer Honorarsumme gleichsam für gekaufte Religion gebildet. Einen mässigen Beitrag legt ein jeder an einem Monatstage ein, oder wann er will und wenn er überhaupt will und (wenn er überhaupt) kann; denn niemand wird genötigt, sondern er steuert freiwillig bei. Das sind gewissermassen die Spareinlagen der Frömmigkeit. Denn daraus wird nichts für Schmausereien, Trinkgelage und widrige Fresswirtschaften[5]) vorausgabt, sondern für die Ernährung und Beerdigung Armer, vermögens- und elternloser Knaben und Mädchen und schon ans Haus gefesselter Greise, desgleichen Schiffbrüchiger und solcher, die etwa in Bergwerken, auf Inseln oder in Gefängnissen weilen, vorausgesetzt dass es um der Sekte Gottes willen geschieht,[6]) und die deshalb Pflegebefohlene ihrer Konfession werden. Aber derartige Liebesthätigkeit brandmarkt uns in den Augen gewisser Leute gerade am meisten. „Siehe", sagen sie, „wie sie sich gegenseitig lieben:" sie selbst nämlich hassen sich gegenseitig; „und wie sie bereit sind, für einander zu sterben:"[7]) sie nämlich sind mehr bereit, einander gegenseitig zu töten! Aber auch, dass wir uns Brüder nennen, macht sie, glaube ich, aus keinem anderen Grunde

---

[1]) d. h. Beurteilung des sittlichen Zustandes der Gemeindeglieder im Namen Gottes. ‖ [2]) probati quique seniores. ‖ [3]) Neque enim pretio ulla res dei constat. ‖ [4]) arcae genus. ‖ [5]) ingratiis voratrinis gibt keinen Sinn; ich halte mich daher abweichend von Oehlers Text an die Lesart ingratis. ‖ [6]) dumtaxat ex causa dei sectae. ‖ [7]) Vide, inquiunt, ut invicem se diligant ... et ut pro alterutro mori sint parati.

1. Gesamtbild des Gemeindelebens. 7

rasend, als weil bei ihnen jede Anwendung eines von der Blutsverwandtschaft entlehnten Namens erheuchelt ist. Auch eure Brüder aber sind wir, nach dem Rechte der Natur, unserer gemeinsamen Mutter, obschon ihr keine rechten Menschen seid, weil schlechte Brüder. Aber wie viel mehr gebührt es sich, diejenigen Brüder zu nennen und dafür anzusehen, welche Einen Vater, Gott, anerkennen, welche Einen Geist der Heiligkeit eingesogen haben, welche aus Einem Schosse derselben Unwissenheit aufgeschreckt zu Einem Lichte der Wahrheit gelangt sind! Doch wir werden vielleicht deshalb für nicht recht legitim[e Brüder] gehalten, weil über unsere Brüderlichkeit keine Tragödie declamiert, oder weil wir hinsichtlich des Familienvermögens Brüder sind, welches bei euch die Brüderlichkeit so ziemlich zerstört. — — —

Auch unsere bescheidenen Mahle verlästert ihr, als ob sie nicht nur durch Verbrechen verrufen, sondern auch noch schwelgerisch wären. — — — Unser Mahl legt schon mit seinem Namen Rechenschaft von sich ab. Es heisst so wie bei den Griechen die Liebe.[1]) Wie teuer es auch zu stehen kommt, es ist ein Gewinn, im Namen der Frömmigkeit Aufwand zu machen, sofern wir ja alle Bedürftigen mit dieser Labung unterstützen. Dabei trachten nicht, wie bei euch, Schmarotzer nach dem Ruhme, ihre Freiheit um den Preis zu verkaufen, dass ihr Bauch unter Beschimpfungen gemästet wird, sondern das Ansehen der Geringen ist in Gottes Augen ein [nur umso] grösseres. Wenn die Ursache des Mahles eine ehrenhafte ist, so schätzt nach der Ursache den sonstigen Zustand der Zucht ab. Was auf religiöser Pflicht beruht, duldet nichts von Gemeinheit, nichts von Zuchtlosigkeit. Nicht eher legt man sich zu Tische, als bis das Gebet zu Gott als Vorgericht genossen ist. Man isst soviel, als Hungrige geniessen, man trinkt soviel, als Züchtigen heilsam ist. Man sättigt sich, indem man dabei eingedenk bleibt, dass man Gott auch in der Nacht anbeten soll; man unterhält sich in dem Bewusstsein, dass der Herr es hört. Nachdem die Hände gewaschen und die Lichter angezündet

---

[1]) Nämlich Agape. Die Agapen bestanden noch lange fort. Das Konzil zu Laodicea (um 345) verbietet in seinem 28. Kanon nur, dass sie in den Kirchen gehalten werden. (Ὅτι οὐ δεῖ ἐν τοῖς κυριακοῖς ἢ ἐν ταῖς ἐκκλησίαις τὰς λεγομένας ἀγάπας ποιεῖν καὶ ἐν τῷ οἴκῳ τοῦ θεοῦ ἐσθίειν καὶ ἀκούβιτα στρωννύειν. Mansi, Sacrorum conciliorum nova et amplissima collectio II, 570.)

sind, ergeht die allgemeine Aufforderung, Gott zu preisen, wie es ein jeder aus den heiligen Schriften oder aus dem eigenen Geiste vermag; dabei zeigt es sich, wie er getrunken hat. Ebenso beschliesst Gebet das Mahl. Darauf geht man auseinander, nicht zu Mörderbanden, noch zu [Nacht-]Schwärmerhaufen, noch zu Ausbrüchen der Zügellosigkeit, sondern zu derselben Pflege der Zucht und Keuschheit, wie es Leuten natürlich ist, die nicht sowohl eine Zehrung eingenommen haben, als vielmehr eine Belehrung.[1])

2. Bewährung der Liebe in Not und Tod.

a) Bericht des Bischofs Dionysius († 264) über die Pest in Alexandria bei Eus., K. G. VII, 22, 7 ff.

— — Die meisten unserer Brüder nun schonten aus übergrosser [Nächsten-]Liebe und Bruderliebe sich selbst nicht und hielten zusammen, besuchten unbesorgt die Kranken, leisteten ihnen ausgezeichnete Dienste, pflegten sie in Christo und schieden so aufs freudigste mit jenen aus dem Leben, indem sie sich mit dem Leiden der anderen erfüllten, die Krankheit von ihren Nächsten auf sich lenkten und ihre Schmerzen freiwillig auf sich nahmen. Und viele starben, nachdem sie andere in ihrer Krankheit gepflegt und gestärkt hatten, selber, den Tod jener auf sich übertragend.

— — — Die besten nun von unsern Brüdern schieden auf diese Weise aus dem Leben, einige Presbyter, Diakonen und sehr gepriesene Laien[2]), sodass auch diese Todesart, welche aus grosser Frömmigkeit und starkem Glauben erlitten wurde, dem Martyrium in nichts nachzustehen scheint. Und die Leichname der Heiligen[3]) nahmen sie sorglos auf die Hände und auf den Schoss, drückten ihnen die Augen zu, schlossen ihnen den Mund, trugen sie auf den Schultern und legten sie zurecht, hingen sich an sie und umarmten sie, verschönerten sie durch Bäder und Gewänder und erlitten bald das gleiche Schicksal, indem immer

---

[1]) ut qui non tam coenam coenaverint quam disciplinam. ‖ [2]) καὶ τῶν ἀπὸ τοῦ λαοῦ λίαν ἐπαινούμενοι. ‖ [3]) d. h. der Christen. — Aber die Vita Cypriani, c. 9 (ed. Hartel, 3. Teil, S. XCIX) zeigt, dass die christliche Liebe auch auf die Heiden sich erstreckte. Cyprian hält in ähnlicher Lage den Christen von Karthago vor, „dass es nichts Besonderes sei, wenn wir bloss den Unsrigen die schuldigen Liebesdienste leisteten; denn der könne vollkommen werden, der das Böse mit Gutem besiege, der göttlichen Gnade gleich sich rührend (exercens) auch die Feinde liebe — — —.

die Ueberlebenden den vor ihnen [Gestorbenen] folgten. Die Heiden aber thaten ganz das Gegenteil; die, bei denen die Krankheit zum Ausbruch kam, stiessen sie von sich und flohen die Teuersten, warfen sie halbtot auf den Strassen hin und warfen die Toten unbegraben von sich, um der Uebertragung und Gemeinschaft des Todes zu entgehen, die zu vermeiden doch trotz aller Anstrengungen nicht leicht war.

b) **Während der Pest und Hungersnot in Kleinasien um 312.**
Euseb. K. G. IX, 8, 13 f.

— — — Solches¹) waren die Strafen für die Prahlerei des Maximinus²) und für die Beschlüsse, die in den einzelnen Städten gegen uns gefasst worden waren, während gleichzeitig die Beweise von der allumfassenden Dienstfertigkeit und Frömmigkeit der Christen allen Heiden offen vor Augen traten. Bewiesen doch sie allein in einem so grossen Gedränge von Leiden ihr Mitleid und ihre Menschenfreundlichkeit durch die That selbst, indem jeden Tag die einen sich der Versorgung und Bestattung der Sterbenden (zahllos waren die, um die sich niemand kümmern mochte,) unablässig widmeten, die anderen die Menge derer, die in der ganzen Stadt vom Hunger gequält wurden, an Einem Orte versammelten und an alle Brot verteilten, sodass die Sache unter allen Menschen ruchbar wurde, sie den Gott der Christen priesen und bekannten, dass diese als fromm und allein gottesfürchtig in Wahrheit durch die Thatsachen selbst erwiesen seien.

3. Licht und Schatten.

a) Brief an Diognet, c. 5 f.³)

Die Christen sind (nämlich) weder durch ihr Land, noch durch ihre Sprache, noch durch ihre [äusseren] Sitten von den übrigen Menschen verschieden. — — Indem sie aber hellenische und bar-

c. 5.

---

¹) Pest und Hunger. || ²) Kaiser Maximinus Daza hatte in einem öffentlich angeschlagenen Rescript die Segnungen gerühmt, welche die Götter dem Reiche um ihres wiederhergestellten Dienstes willen zuteil werden liessen. Vgl. das vorhergehende Kapitel der K. G. des Eus. || ³) Von einem unbekannten Verfasser, nach der gewöhnlichen Annahme im 2. Jahrh. geschrieben. Gebhardt, Harnack, Zahn, patrum apostolicorum opera, I, 220. — Vgl. Schleiermachers Lieblingslied: „Es glänzet der Christen inwendiges Leben." Aehnliche Gedanken spricht auch Tertullian in C. 42 seines Apologeticum aus.

barische Städte bewohnen, wie einem jeden das Los gefallen ist, und sich den heimischen Sitten anschliessen in Tracht, Kost und sonstiger Lebensweise,¹) zeigen sie doch eine bewundernswerte und anerkanntermassen eigentümliche Beschaffenheit ihres Gemeinwesens. Sie bewohnen die eigene Heimat, aber wie Beisassen; sie beteiligen sich an allem wie Bürger und ertragen alles wie Fremdlinge; jede Fremde ist ihre Heimat und jede Heimat [für sie] Fremde. Sie heiraten wie alle [andern], sie zeugen Kinder, aber sie setzen die Erzeugten nicht aus. Sie halten gemeinsame Mahlzeiten, aber keine gemeine.²) Sie sind im Fleisch, leben aber nicht nach dem Fleisch. Sie weilen auf Erden, haben aber Bürgerrecht im Himmel. Sie gehorchen den bestehenden Gesetzen und überbieten³) durch ihr Leben die Gesetze. Sie lieben alle und werden von allen verfolgt. Man kennt sie nicht und verurteilt sie doch; sie werden getötet und lebendig gemacht. Sie sind arm und machen viele reich; sie leiden an allem Mangel und haben doch an allem Ueberfluss. Sie werden entehrt und in der Entehrung verherrlicht; sie werden gelästert und doch gerechtfertigt. Sie werden geschmäht und segnen; sie werden gemisshandelt und erweisen Ehre. Während sie Gutes thun, werden sie wie Schlechte bestraft; während sie bestraft werden, freuen sie sich wie solche, die das Leben empfangen. Von den Juden werden sie wie Stammfremde bekämpft und von den Griechen verfolgt, und den Grund ihrer Feindschaft können die, welche sie hassen, nicht angeben.

c. 6. Um es mit Einem Wort⁴) zu sagen: was in dem Leibe die Seele ist, das sind in der Welt die Christen. Die Seele ist über alle Glieder des Leibes ausgebreitet, und die Christen über die Staaten der Welt. Die Seele wohnt zwar im Leibe, ist aber nicht vom Leibe; und die Christen wohnen in der Welt, sind aber nicht von der Welt. Unsichtbar ist die Seele im sichtbaren Leibe eingeschlossen; und von den Christen weiss man, dass sie in der Welt sind, unsichtbar aber bleibt ihre Frömmigkeit. Es hasst das Fleisch die Seele und bekämpft sie, obgleich es kein Unrecht von ihr erfährt, weil es [von ihr] gehindert wird, den Lüsten zu leben; es hasst auch die Welt die Christen, obgleich sie kein Unrecht [von ihnen] erleidet, weil sie sich den Lüsten widersetzen. Die Seele

---

¹) διαίτῃ. ‖ ²) τράπεζαν κοινὴν παρατίθενται, ἀλλ' οὐ κοινήν. ‖ ³) νικῶσι.
⁴) ἁπλῶς.

liebt das Fleisch, das sie hasst, und die Glieder; und die Christen lieben die, welche sie hassen. Die Seele ist zwar im Körper eingeschlossen, aber sie hält den Körper zusammen; und die Christen werden zwar in der Welt wie in einem Kerker gehalten, sie aber halten die Welt zusammen.

b) Cyprian, Ueber die Gefallenen, c. 6.[1])

Es strebten die einzelnen nach Vermehrung ihres Erbgutes und verlegten sich, indem sie vergassen, was die Gläubigen entweder unter den Aposteln früher gethan hatten oder immer hätten thun sollen, in unersättlicher Glut der Begierde auf die Erweiterung ihres Vermögens. Bei den Priestern fehlte es an andächtiger Frömmigkeit, in den Diakonen an ungetrübtem Glauben, in den Werken an Barmherzigkeit, in den Sitten an Zucht. Verunstaltet der Bart bei den Männern, bei den Frauen das Gesicht geschminkt; verfälscht die Augen, die Gottes Hand geschaffen,[2]) die Haare lügenhaft gefärbt! Schlaue Betrügereien, um die Herzen der Einfältigen zu täuschen, hinterlistige Bestrebungen, um die Brüder zu hintergehen! Man schloss mit Ungläubigen den Bund der Ehe, man gab Heiden die Glieder Christi[3]) preis. Man schwur nicht nur leichtsinnig, sondern auch noch falsch, verachtete die Vorgesetzten in stolzer Aufgeblasenheit, lästerte einander mit giftigem Munde, entzweite sich in hartnäckigem Hass. Die meisten Bischöfe, welche den übrigen zur Mahnung und zum Vorbilde dienen sollen, vernachlässigten ihr göttliches Amt und wurden Beamte der weltlichen Könige,[4]) verliessen ihren Stuhl, liessen ihre Gemeinden im Stich,[5]) schweiften in fremden Provinzen umher und gingen den Märkten mit ihrem gewinnsüchtigen Handel nach, wollten, während die Brüder in der Gemeinde hungerten, reichlich Geld haben, raubten Grundstücke durch hinterlistigen Betrug, vermehrten ihr Kapital durch Vervielfältigung der Zinsen. Was verdienen wir bei solcher Beschaffenheit nicht für derartige Sünden zu erdulden, da doch schon längst die göttliche Richter-

---

[1]) De Lapsis, d. h. die vom Glauben Abgefallenen. S u. Abschn. VI B 3 b, Anm. 5. Ausgabe von Hartel im Corpus scriptorum eccl. lat. III. (Wien 1868—71.) — Cyprian, Bischof von Karthago, † 258. ‖ [2]) adulterati post Dei manus oculi. Womit? ‖ [3]) Die Gläubigen als Glieder am Leibe Christi; vgl. 1. Kor. 12. ‖ [4]) oder (nach der Lesart procuratores rerum saecularium): Verwalter weltlicher Angelegenheiten. ‖ [5]) plebe deserta.

12   II. Altchristliche Sitte und Sittlichkeit.

stimme¹) im Voraus gewarnt und gesagt hat: Wenn sie von meinem Gesetze weichen und in meinen Rechten nicht wandeln, wenn sie meine Satzungen entweihen und meine Gebote nicht halten, werde ich mit der Rute ihre Uebelthaten heimsuchen und mit Geisseln ihre Vergehungen.²)

4. Kirchenzucht.

a) Tertullian, Ueber die Busse, c. 9 f.³)

c. 9. — — So ist denn die Exhomologesis⁴) das Zuchtmittel,⁵) den Menschen niederzuwerfen und demütig zu machen, welches einen Wandel auferlegt, der die Barmherzigkeit [Gottes] herablockt. Auch in Bezug auf die Kleidung und Nahrung gebietet sie, in Sack und Asche zu liegen, den Körper durch Schmutz zu entstellen, die Seele in Trauer zu versenken, das, was sie gesündigt hat, in traurigem Nachsinnen zu bereuen;⁶) übrigens Speise und Trank ungewürzt zu nehmen,⁷) nämlich nicht um des Bauches, sondern um [der Erhaltung] des Lebens willen, meist aber durch Fasten seine Gebete zu nähren, Tag und Nacht zum Herrn, deinem Gott, zu seufzen, zu weinen und zu schreien, sich den Presbytern zu Füssen zu werfen, die Knie der Gottgeliebten⁸) zu umfassen und allen Brüdern die Emporsendung ihrer Fürbitte auf die Seele zu binden.⁹) — —

c. 10. — — — Ein Leib kann nicht froh sein bei der Qual Eines Gliedes; er muss als ganzer mitleiden und auf die Heilung hinarbeiten. In dem einen wie in dem anderen ist die Kirche, die Kirche aber ist Christus.¹⁰) Wenn du dich also nach den Knien der Brüder ausstreckst, so ergreifst du Christus, so rufst du Christus an. Ebenso, wenn jene um deinetwillen Thränen

---

¹) censura divina. ‖ ²) Ps. 89, 31-33. ‖ ³) De poenitentia. Ausg. v. Oehler. ‖ ⁴) ἐξομολόγησις = [Sünden-] Bekenntnis. — Sie und die Taufe nennt Tertullian c. 12 die 2 Planken des christlichen Heils. (Quid ego ultra de istis duabus humanae salutis quasi plancis?) ‖ ⁵) disciplina. ‖ ⁶) mutare. Vgl. das Terenzcitat im Lexicon von Georges: haud muto factum = ich genehmige das Geschehene, ich bereue es nicht. ‖ ⁷) pura nosse. ‖ ⁸) d. h. der Märtyrer und Konfessoren (der bewährten Glaubenszeugen). ‖ ⁹) legationes deprecationis suae iniungere. Suae bezieht sich auf die Büssenden; also die Brüder sollen ihre Fürbitte für sie einlegen. ‖ ¹⁰) In uno et altera ecclesia est, ecclesia vero Christus.

vergiessen, so leidet Christus, so bittet Christus den Vater um Gnade.¹)

b) 4. Kanon der Synode von Ancyra (in Galatien, im Jahre 314).²) Betreffs derer, die sich zum Opfer haben zwingen lassen, und ausserdem auch derer, die an einem Opfermahl teilgenommen haben,³) — soviele von ihnen, als sie vorführt wurden, mit ziemlich fröhlicher Miene und kostbarem Gewand hinzugingen und an dem bereiteten Mahle ohne Umstände⁴) teilnahmen, — [betreffs dieser] haben wir beschlossen, dass sie 1 Jahr bloss zuhören, 3 Jahre knien, 2 Jahre bloss am Gebet teilnehmen und dann [erst] wieder in den Vollbesitz ihrer Rechte eintreten sollen.⁵)

B. Zur Sittenlehre.

1. Doppelte Sittlichkeit.

Lehre der 12 Apostel, c. 6.⁶)

Sieh' zu, dass dich niemand von diesem Weg der Lehre abführe, denn anders, als Gott es will, lehrt er dich. Wenn du

---

¹) Doch gibt es nach Tert. und manchen anderen alten Kirchenlehrern für die Getauften, die in schwere Sünden zurückgefallen sind, nur noch einmal die Möglichkeit der Busse und Wiederaufnahme. Vgl. Tert., Ueber die Busse, c. 7: „Ungern erwähne ich noch die zweite oder vielmehr schon letzte Hoffnung, weil es nicht scheinen soll, als ob ich, indem ich nochmals von dem noch übrigen Rettungsmittel der Busse handle, auf einen Spielraum für weitere Sünde hinwiese." Ebenso der „Hirt" des Hermas (um 140), 4. Gebot, c. 1: „Für die Diener Gottes (d. h. für die Christen) gibt es nur eine Busse." ‖ ²) Mansi, Sacrorum conciliorum nova et amplissima collectio II, 516. ‖ ³) ἐπὶ δὲ τούτοις καὶ τῶν δειπνησάντων εἰς τὰ εἴδωλα. Es ist sprachlich nicht ganz klar, ob diese von den Opfernden unterschieden oder, was sachlich wahrscheinlicher ist, als die am weitesten gehende Gruppe unter den Opfernden betrachtet werden sollen. In jedem Fall handelt es sich um Christen, die in der Verfolgung ihrem Glauben untreu geworden sind. ‖ ⁴) ἀδιαφόρως. ‖ ⁵) ἔδοξεν ἑνιαυτόν ἀκροᾶσθαι (der Predigt und Schriftvorlesung an einem besonderen Platze beiwohnen), ὑποπεσεῖν (die Brüder kniefällig um Fürsprache anflehen; vgl. Tert., de poen. 9 f., oben S. 12) δὲ τρία ἔτη, εὐχῆς δὲ μόνης κοινωνῆσαι (noch nicht am Genuss des heil. Abendmahls selbst, sondern bloss an den damit verbundenen Gebeten teilhaben; vgl. den synonymen Ausdruck im 5. Kanon: κοινωνῆσαι χωρὶς προσφορᾶς = teilnehmen, abgesehen vom [Abendmahls-] Opfer) ἔτη δύο καὶ τότε ἐλθεῖν ἐπὶ τὸ τέλειον. ‖ ⁶) Διδαχὴ τῶν δώδεκα ἀποστόλων, zwischen 130-150 verfasst.

nämlich das ganze Joch des Herrn zu tragen vermagst, wirst du vollkommen sein; wenn du es aber nicht vermagst, so thue das, was du kannst. Betreffs der Speise aber trage,[1]) was du kannst; vor dem Götzenopferfleisch jedoch hüte dich sehr; denn es[2]) ist ein Dienst toter Götter.

2. Werkgerechtigkeit.

Cyprian, Vom Werk und von den Almosen, c. 2. 5. 9. 26.[3])

c. 2. In den Schriften spricht der heilige Geist und sagt: „Durch Almosen und Glauben werden Sünden gereinigt";[4]) jedenfalls nicht jene Sünden, die vorher[5]) begangen worden waren: denn die werden durch Christi Blut und Heiligung[6]) gereinigt. Ebenso sagt er[7]) wiederum: „Wie Wasser Feuer löscht, so löscht Almosen die Sünde."[8]) Auch hier wird gezeigt und bewiesen, dass, wie durch das Bad des heilsamen Wassers das Feuer der Hölle ausgelöscht wird, so durch Almosen und gerechte Werke die Flamme der Sünden erstickt wird. — —

c. 5. Die Mittel, Gott zu versöhnen, sind durch Gottes eigene Worte gegeben, was die Sünder thun sollen, haben die göttlichen Weisungen gelehrt, dass [nämlich] durch gerechte Werke Gott genug gethan wird, dass durch die Verdienste der Barmherzigkeit die Sünden gereinigt werden.[9]) — —

c. 9. — — — Denn indem die Danksagung für unsere Almosen und Werke durch das Gebet der Armen an Gott gerichtet wird, wird das Vermögen[10]) des Wirkenden durch Gottes Vergeltung vermehrt. — — —

c. 26. — — — Wenn uns der Tag der Vergeltung oder der Verfolgung gerüstet, flink, wenn er uns in diesem Wettkampf des Werkes laufend antrifft, wird Gott es in der Belohnung unserer Verdienste an nichts fehlen lassen; er wird den im Frieden Siegen-

---

[1]) d. h.: von Entbehrungen. Das vollkommene Leben ist demnach das asketische. ‖ [2]) Es geniessen heisst soviel als sich am Götzendienst beteiligen. ‖ [3]) De opere et eleemosynis. Hartel'sche Ausgabe, 1. Teil, S. 373 ff. ‖ [4]) Eleemosynis et fide. Spr. Sal. 16,6 = 15,27 LXX: ἐλεημοσύναις καὶ πίστεσιν. ‖ [5]) vor der Taufe. ‖ [6]) „Christi Heiligung" wohl = unsere in der Taufe erfolgende Heiligung durch Christus. ‖ [7]) Der heil. Geist. ‖ [8]) Sir. 3,30 LXX. (In der Luther'schen Uebersetzung: 3,33.) ‖ [9]) operationibus iustis Deo satisfieri, misericordiae meritis peccata purgari. ‖ [10]) census ... cumulatur. Erhöhte Einschätzung der Verdienste!

3. Einzelvorschriften. 15

den die weisse Palme für ihre Werke geben, den in der Verfolgung [Siegenden] die purpurne für ihr Leiden verdoppeln.¹)

3. Einzelvorschriften.

Clemens von Alexandria, Pädagog III, c. 11.²)

Deshalb ist auch das Tragen von **Goldschmuck** und der Gebrauch eines feineren Gewandes nicht ganz abzuschlagen, aber die unvernünftigen Triebe sind im Zaume zu halten — — — Denn sehr schön rät uns der göttliche Sendbote,³) Jesus Christus anzuziehen und das Fleisch nicht zu Lüsten zu pflegen.⁴) Es verbietet aber der Logos, der Natur Gewalt anzuthun und die Ohrläppchen zu durchbohren. Denn warum [sollten wir sonst] nicht auch die Nase [durchbohren]? Damit auch jenes Wort erfüllt würde: wie ein (Ohr-)Ring⁵) in der Nase eines Schweines, so ist die Schönheit für ein schlechtgesinntes Weib.⁶) §. 53. §. 56.

Denn überhaupt, wenn einer glaubt, durch Gold geschmückt zu werden, so ist er geringer als Gold, wer aber geringer als Gold ist, der ist nicht dessen Herr. Sich aber als schmuckloser und geringer denn der lydische Sand⁷) zu bekennen, wie sollte das nicht ganz ungereimt sein? — — —

— — — Die unter den Weibern aber, welche Goldschmuck tragen, scheinen nur zu fürchten, dass sie, wenn man die Goldsachen von ihnen nimmt, ungeschmückt für Sklavinnen gehalten werden. Aber die wahrhafte Vornehmheit,⁸) die sich in der schönen seelischen Beschaffenheit bewährt, erkennt⁹) den Sklaven nicht daran, dass er verkauft und gekauft wird, sondern an der unfreien Gesinnung; uns aber geziemt es, nicht frei zu scheinen, sondern zu sein, uns, die wir von Gott erzogen werden, ja, von Gott zu Kindern angenommen sind. Daher müssen wir uns in Stellung §. 58. §. 59.

---

¹) Vgl. Tertullian, Von der Auferstehung des Fleisches, c. 43: Niemand, der aus dem Körper geschieden ist, weilt sogleich beim Herrn, es sei denn kraft des Vorrechtes des Märtyrertums (ex praerogativa martyrii), indem er sich nämlich dem Paradiese, nicht der Unterwelt, zuwenden wird. ||
²) Clementis Alexandrini opera ex rec. Guilelmi Dindorfii, vol. I. Oxford 1869. — Clemens, eine Zeit lang Vorsteher der Katechetenschule zu Alexandria, † um 220. Unter dem Pädagogen ist der Logos verstanden, die (in Christus Fleisch gewordene) göttliche Vernunft. || ³) ὁ θεῖος ἀπόστολος: der Logos. ||
⁴) Röm. 13,14. || ⁵) ἐνώτιον, eigentlich: Ohrgehänge. || ⁶) Spr. Sal. 11,22. || ⁷) Der Goldsand der lydischen Flüsse. | ⁸) τὸ δὲ εὐγενὲς τῆς ἀληθείας. || ⁹) διακέκριχεν.

und Bewegung, in Gang und Tracht, mit Einem Worte in der ganzen Lebensweise eines Freien möglichst würdig benehmen. Aber auch den Ring sollen die Männer nicht auf dem Gelenk tragen — denn das ist Weiberart —, sondern ihn an den kleinen Finger, und zwar ganz an das hintere Ende, stecken; denn so wird die Hand geschickt sein zu thun, wofür wir sie brauchen, und der Siegelring wird nicht so leicht herunterfallen, da er durch die grössere Festigkeit des Gliedes gehalten wird.[1]) Unsere Siegel aber seien eine Taube[2]) oder ein Fisch[3]) oder ein flott dahinsegelndes Schiff[4]) oder eine musische Leyer,[5]) wie sie Polykrates [als Siegel] gebraucht hat, oder ein Schiffsanker,[6]) wie ihn Seleukus[7]) seinem Siegelring eingraben liess, und wenn einer ein Fischer ist, so soll er des Apostels gedenken[8]) und der Kinder, die aus dem Wasser [der Taufe] gezogen werden; denn nicht sollen wir die Gesichter von Götterbildern darauf abbilden, auf die man nicht einmal seine Gedanken richten darf, noch ein Schwert oder einen Bogen — wir, die wir dem Frieden nachjagen —, noch Becher — wir, die wir die Mässigkeit lieben.

§. 60. — — — Bezüglich der Haare aber soll folgendes gelten. Kurz geschoren sei der Kopf der Männer, ausser wenn einer krause Haare hat, behaart aber das Kinn; die Locken[9]) sollen nicht zu weit vom Kopfe herabreichen und damit nach Art von Weiberflechten herabfallen; denn für Männer genügt der starke Bart. Wenn aber einer auch am Kinn etwas abschert, so soll er es doch

---

[1]) Das heisst wohl: weil das hintere Glied des Fingers weniger beweglich ist als die vorderen. ‖ [2]) Sinnbild des heiligen Geistes. ‖ [3]) Einige sinnbildliche Beziehungen deutet Clemens selbst wenige Zeilen später an. Vgl. Tert., de bapt. 1: Wir Fischlein werden nach dem Vorbild unseres Fisches Jesu Christi im Wasser geboren. — Ausserdem erinnerte der Fisch an die evangelische Speisungsgeschichte (Vgl. Mc. 6,38 ff.) und an das mit der wunderbaren Speisung vergleichbare heilige Abendmahl. Erst im 4. Jahrhundert ist die Spielerei mit den Buchstaben des Wortes ἰχθύς (Fisch) nachweisbar: Ἰησοῦς Χριστὸς θεοῦ υἱὸς σωτήρ (Jesus Christus, Gottes Sohn, Heiland). Vgl. Euseb., Rede Konstantins an die Versammlung der Heiligen, c. 18,3. ‖ [4]) Hinweis auf die Arche Noahs und die damit vergleichbare Kirche. ‖ [5]) Sinnbild der Harmonie und des christlichen Hymnengesanges. Vgl. Eph. 5,19. ‖ [6]) Bild der christlichen Hoffnung. Hebr. 6,19. ‖ [7]) Feldherr Alexanders des Gr., Gründer der syrischen Dynastie der Seleuciden. ‖ [8]) Vgl. Luc. 5,10. ‖ [9]) So darf man wohl nach dem Vorhergehenden die Worte: αἱ δὲ συστραμμέναι τῶν τριχῶν kurz übersetzen.

3. Einzelvorschriften.

nicht ganz kahl machen; denn dieser Anblick ist hässlich, und das Rasieren des Kinnes bis auf die Haut erscheint dem Ausreissen der Haare am Leibe und der [unnatürlichen] Glätte verwandt. Umgekehrt sagt der Psalmsänger, sich an dem Haar des Kinnes erfreuend: „Wie die Salbe, die herabträuft auf den Bart, den Bart Aarons"; durch die Wiederholung des Wortes „Bart" hat er das durch die Salbe des Herrn geschmückte Angesicht preisend ins Licht gestellt.[1])

Da aber das Scheren nicht des Schmuckes wegen vorzunehmen §. 61. ist, sondern um der Umgebung willen[2]), so soll man die Kopfhaare scheren, damit sie nicht solang werden, dass sie bis zu den Augen herabreichen und diesen im Wege sind, und ebenso die an der Oberlippe beschneiden, wenn sie beim Essen befleckt werden, nicht mit dem Schermesser — denn das wäre unanständig[3]) —, sondern mit der Schere;[4]) die am Kinn aber, die in keiner Weise stören, soll man ungeschoren lassen,[5]) weil sie ein würdiges Aussehen und eine väterliche Hoheit verleihen; viele [Menschen] aber hilft auch das Aeussere von der Sünde zurückhalten. — — —

Nicht allein den ernsten Mann also bekundet das kurze Haupt- §. 62. haar, sondern sie härtet auch den Schädel ab, indem sie ihn gewöhnt, sich in Kälte und Hitze zu finden, und hält die von diesen [Temperaturverhältnissen] herstammenden Schäden fern, welche das Haar nach Art eines Schwammes in sich aufnimmt, sodass es dem Gehirn einen bleibenden Schaden infolge der [entwickelten] Feuchtigkeit zufügt.

Für die Frauen aber genügt es, die Haare zu glätten und das Haar auf wohlfeile Weise mit einer schlichten Spange am Nacken aufzubinden, indem sie durch geringe Pflege das ehrbare Haar zu edler Schönheit sich entfalten lassen.[6]) — — —

Ganz verächtlich aber ist das Auflegen fremder Haare und §. 63. höchst gottlos, fremdes Haar dem Kopf zurecht zu machen durch

---

[1]) Ps. 133, 2. κατεγάνωσε = exhilaravit: „er hat ins Licht gestellt." |
[2]) Nämlich wegen der dem Kopfhaar benachbarten Augen und der dem Schnurrbart benachbarten Lippen. | [3]) Vgl. damit das Urteil über die völlige Beseitigung des Kinnbartes im vorigen §. | [4]) ταῖς δυοῖν μαχαίραις ταῖς κουρικαῖς. |
[5]) οὐκ ἐνοχλητέον. | [6]) Es folgt eine schwer wiederzugebende anakoluthische Stelle, in welcher die Frisierwut der Damen zuletzt durch die Bemerkung verspottet wird, dass sie kaum mehr zu schlafen wagen, aus Furcht, das künstliche Flechtwerk zu zerstören.

tote Flechten, welche den Schädel umgeben;[1] denn wem legt [dann] der Presbyter die Hand auf? und wen segnet er? Nicht das geschmückte Weib, sondern die fremden Haare und damit ein anderes Haupt. — —

Auch sollen sie die Haare nicht färben und besonders die grauen nicht umfärben; ist doch nicht einmal erlaubt, das Kleid zu färben.[2]) Namentlich ist das ehr- und vertrauenswürdige Alter nicht zu verhüllen, sondern ans Licht zu stellen ist das Ehrengeschenk[3]) Gottes zur Verehrung für die Jugend. Denn zuweilen hat auch Unverschämten die Erscheinung eines grauen Hauptes die Gerechtigkeit des Pädagogen[4]) vor Augen gestellt und sie so zur Vernunft gebracht und durch den Glanz des Anblicks die jugendliche Begierde niedergeschlagen.

§. 64. Aber auch das Gesicht sollen sie nicht mit den Täuschungsmitteln einer schlauen Kunst schmücken; wir wollen sie vielmehr eine ehrbare Verschönerungskunst lehren. Die beste Schönheit ist nämlich zunächst die der Seele, wie ich oft dargelegt habe, wenn die Seele mit dem heiligen Geist geschmückt und durch die von ihm stammenden Zierden durchgeistigt[5]) ist, Gerechtigkeit, Einsicht, Mut, Mässigkeit, Liebe zum Guten und Schamhaftigkeit, der blühendsten Farbe, die man jemals gesehen hat. Sodann soll auch die körperliche Schönheit gepflegt werden, das Ebenmass der Glieder und Teile nebst der gesunden Farbe. Hier ist die Verschönerungskunst der Gesundheit am Platze, durch welche die verkünstelte Erscheinung zur Wahrheit umgestaltet wird nach der von Gott gegebenen Gestalt. Ausserordentlich wirksam für die Erhöhung der natürlichen Schönheit[6]) ist die richtige Mischung der Getränke und die richtige Zusammenstellung der Speisen. — — —

§. 75. — — — Zu verbieten ist ferner auch noch das Würfelspiel, dazu auch die Gewinnsucht, die beim Würfelspiel[7]) sich

---

[1]) Die ungewöhnliche Breite des Ausdrucks erklärt sich wohl aus einer besonders starken Entrüstung des Verfassers. ‖ [2]) Vgl. §. 53, wo vorgeschrieben wird, einfache weisse Gewänder zu tragen. ‖ [3]) τὸ τίμημα. ‖ [4]) Die sittliche Würde, deren himmlischer Vertreter der Logos ist. ‖ [5]) ἐμπνεομένη. ‖ [6]) (Δεινὴ δὲ) καλλωπίσαι κατὰ φύσιν entweder = zur Erhöhung der natürlichen (im Gegensatz zur künstlich hervorgebrachten) Schönheit oder = (ausserordentlich wirksam) zur Verschönerung ist naturgemäss . . . ‖ [7]) Zuerst heisst es διὰ τῶν κύβων, dann διὰ τῶν ἀστραγάλων. Κύβος ist der auf 6, ἀστράγαλος der nur auf 4 Seiten punktierte Würfel; aber Clemens braucht die Worte hier wohl einfach synonym.

3. Einzelvorschriften.

geltend macht, [und] die man zu pflegen liebt. Solche Dinge erfindet die verschwenderische Ueppigkeit für die, welche aus langer Weile dummes Zeug treiben. — — —

— — Auch zu den Schaustellungen wird uns der Pädagog §. 76. nicht führen, und nicht mit Unrecht könnte man die Rennbahnen und die Theater „einen Sitz der Seuchen"[1]) nennen. — — —

Denn welche Schandthat stellt man auf dem Theater nicht §. 77. dar? Und welches schamlose Wort bringen die Possenreisser nicht vor? — — —

Wenn man nämlich auch sagt, man fasse die Schaustellungen als Scherze zur Erheiterung auf, so möchte ich die Städte nicht für vernünftig erklären, welche auch das Scherzen so ernsthaft betreiben. Denn die unbarmherzigen Regungen der Ruhmsucht, die in so weitem Umfang den Tod verbreiten, sind kein Scherz mehr, und ebensowenig die Beschäftigung mit eitlen Dingen und der unvernünftige Ehrgeiz, desgleichen die unsinnige Verschwendung des Vermögens,[2]) und gewiss sind auch die bei diesen Gelegenheiten entstehenden Tumulte kein Scherz mehr.

Das Vergnügen ist aber nie durch die Beschäftigung mit eitlen §. 78. Dingen zu erkaufen. Denn der vernünftige Mensch wird nie das Angenehmere dem Besseren vorziehen. „Aber wir sind", so sagt man, „nicht alle Philosophen". Trachten wir also etwa auch nicht alle nach dem [ewigen] Leben? Was sagst du? Wie bist du also zum Glauben gekommen? Und wie liebst du noch Gott und deinen Nächsten, wenn du kein Philosoph bist? Und wie liebst du dich selbst, wenn du nicht das [ewige] Leben liebst?[3]) „Ich habe die Buchstaben nicht gelernt", sagt man. Aber wenn du nicht lesen gelernt hast, so kannst du doch unleugbar hören,[4]) denn das braucht man nicht zu lernen; der Glaube aber ist nicht das Besitztum der Weisen im Sinne der Welt,[5]) sondern der Weisen im Sinne Gottes; und er wird auch ohne Buchstaben gelehrt, und seine eigentümliche

---

[1]) Vgl. Ps. 1,1 nach der Septuaginta; im Urtext ist vom Sitze der Spötter die Rede. ‖ [2]) Clemens denkt an die Veranstaltung von Gladiatorenkämpfen und sonstigen Spielen. ‖ [3]) Clemens macht in diesem Satze ein Wortspiel mit μὴ φιλοσοφῶν (wenn du nicht die Weisheit liebst, Philosoph bist) und εἰ μὴ φιλοζωεῖς (wenn du nicht das Leben liebst). ‖ [4]) Eigentlich: so ist doch das Hören unentschuldbar, d. h. so hast du doch keine Entschuldigung dafür, dass du die christliche Lehre nicht hörst. ‖ [5]) 1. Kor. 1,20 ff.

und zugleich göttliche Urkunde heisst Liebe,[1]) ein geistliches Schriftwerk. Es ist aber möglich, göttliche Weisheit zu hören und doch zugleich als Staatsbürger zu leben; ja, man ist nicht verhindert, auch die weltlichen Geschäfte ordentlich im Sinne Gottes zu erledigen.

§. 79. [Die Frau] sei ganz verhüllt, ausser wenn sie daheim ist. —

§. 80. Die Christo Geweihten sollten im ganzen Leben so erscheinen und gestaltet sein, wie sie sich in den Kirchen im Interesse grösserer Feierlichkeit[2]) zeigen, und so sein, nicht zu sein scheinen, so sanft, so fromm, so liebevoll; nun aber verändern sie seltsamer Weise mit dem Ort auch die Art und Sitte.[3]) — — —

Und nachdem sie dem Wort von Gott ihre Ehrfurcht erwiesen haben, lassen sie es drinnen, wo sie es gehört haben; — — — indem sie, die zuvor von der Unsterblichkeit sangen, zuletzt schlecht, wie sie sind, den nichtswürdigen Widerruf singen: Lasset uns essen und trinken, denn morgen sind wir todt![4])

§. 81. Sie aber sind wahrhaftig nicht [erst] morgen, sondern schon jetzt für Gott tot! —

III. Verfassung der alten Kirche.

A. Gemeindeverfassung.

1. Kollegialische Gemeindeleitung.

Lehre der 12 Apostel, c. 11. 13. 15.[5])

c. 11. In Betreff der Apostel und Propheten[6]) verfahret gemäss der Verordnung[7]) des Evangeliums so.

---

[1]) Also aus der Liebe wird der Glaube erlernt. ‖ [2]) ἐν ταῖς ἐκκλησίαις ἐπὶ τὸ σεμνότερον. Unter ἐκκλησίαις sind zur Zeit des Clemens jedenfalls schon besondere kirchliche Gebäude zu verstehen. Vgl. Dehio-Bezold, die kirchliche Baukunst des Abendlandes, S. 10. ‖ [3]) συμμεταβάλλονται τοῖς τόποις καὶ τὰ σχήματα καὶ τοὺς τρόπους. Das Wortspiel ist oben durch „Ort" und „Art" einigermassen wiedergegeben. ‖ [4]) παλινῳδίαν. — 1. Kor. 15,32. ‖ [5]) Vgl. oben S. 13, Anm. 6. ‖ [6]) Die hier genannten Apostel sind natürlich nicht die Zwölfe, die Propheten nicht die alttestamentlichen, sondern beides (wie schon 1. Kor. 12,28-31 und Eph. 4,11) christliche Lehrer, und zwar die Apostel wandernde Missionare, die Propheten wie die in Kap. 13 behandelten „Lehrer" (i. e. S.) sesshaftere Prediger; die Propheten reden „im Geist", d. h. in der Ekstase (einer auf den heiligen Geist zurückgeführten Erregung oder Verzückung), doch dabei verständlich, die Lehrer in einfacher, ruhiger Darlegung. ‖ [7]) δόγμα.

A. Gemeindeverfassung.

Jeder Apostel, der zu euch kommt, soll aufgenommen werden wie der Herr. Er wird aber nicht länger als einen Tag bleiben; ist es aber nötig, auch den zweiten; wenn er jedoch drei bleibt, so ist er ein falscher Prophet. Beim Weggehen aber soll der Apostel nichts annehmen als Brot [das ausreicht], bis er übernachtet; wenn er aber Geld verlangt, so ist er ein falscher Prophet.

Und jeden Propheten, der im Geiste [Gottes] redet, stellt nicht auf die Probe und bekrittelt nicht; denn jede Sünde wird vergeben werden, diese Sünde aber wird nicht vergeben werden.[1]) Nicht jeder aber, der im Geiste redet, ist ein Prophet, sondern [nur] wenn er die Sitten des Herrn hat; an seinen Sitten also wird der falsche Prophet und der [echte] Prophet erkannt werden. Und kein Prophet, der im Geiste eine Mahlzeit anordnet, isst davon; sonst ist er ein falscher Prophet. Jeder Prophet aber, der die Wahrheit lehrt, ist, wenn er nicht thut, was er lehrt, ein falscher Prophet. — — Wer aber im Geiste sagt: „Gib mir Geld oder etwas anderes," den höret nicht; wenn er aber für andere Notleidende zum Geben auffordert, so soll ihn niemand richten.

Jeder wahre Prophet aber, der sich bei euch niederlassen will, c. 13. ist seiner Nahrung wert. Ebenso ist auch ein wahrhaftiger Lehrer wie der Arbeiter seiner Nahrung wert. Alle Erstlinge von Erzeugnissen der Kelter und der Tenne also, die Erstlinge von Rindern und Schafen sollst du nehmen und den Propheten geben; denn sie sind eure Hohenpriester. Wenn ihr aber keinen Propheten habt, so gebt sie den Armen. Wenn du einen Teig machst, so nimm den Anbruch und gib ihn nach dem Gebot.[2]) Ebenso wenn du ein Wein- oder Oelgefäss öffnest, so nimm den Anbruch und gib ihn den Propheten. Von Geld ferner und Kleidung und jeglichem Besitztum nimm den Anbruch nach deinem Ermessen und gib es dem Gebot gemäss.[3])

---

[1]) Es ist hierbei an das Wort Jesu über die Sünde wider den heiligen Geist gedacht. Vgl. Mt. 12,31 f. ‖ [2]) Luc. 10,7. ‖ [3]) Wie verträgt sich der Hinweis auf das Gebot mit dem auf das eigene Ermessen? Dem letzteren bleibt die Bestimmung des Masses der Abgabe überlassen, das sich ja nicht in allen Fällen mit mathematischer Genauigkeit vorschreiben lässt. — Eine ganz ähnliche Anordnung wie oben findet sich in den Apostolischen Konstitutionen (VII, 29), nur dass hier für die Propheten die Priester eintreten (τοῖς ἱερεῦσιν), die im letzten Satz genannten Gaben aber den Witwen und Waisen bestimmt werden.

III. Verfassung der alten Kirche.

c. 15. Erwählet euch Bischöfe und Diakonen,[1]) die des Herrn würdig sind, sanftmütige und nicht geldliebende, wahrhaftige und bewährte Männer; denn euch verrichten auch sie den Dienst der Propheten und Lehrer. Verachtet sie daher nicht; denn sie sind eure Geehrten neben den Propheten und Lehrern.

2. Monarchische Gemeindeleitung.

a) Männliche Gemeindebeamte.

α) Höhere Geistlichkeit: Bischöfe, Presbyter, Diakonen.

(Pseudo-)Ignatius, An die Magnesier, c. 6.[2])

Da ich also in den obengenannten Personen[3]) die ganze Gemeinde in Glauben und Liebe sah,[4]) so ermahne ich [euch]: beeifert euch, im Einklang mit Gott alles zu thun, indem der Bi-

---

[1]) Vgl. Phil. 1,1. Die Bischöfe erscheinen hier noch im Plural; Presbyter werden nicht neben ihnen genannt, sind also wohl noch gleichbedeutend mit ihnen wie Apg. 20,17 u. 28. (Anders Hatch-Harnack, die Gesellschaftsverfassung der christlichen Kirchen im Altertum; Giessen 1883.) Sie vereinigen mit der Geschäftsleitung, bei welcher sie sich der Diakonen als ihrer Organe bedienen, schon die Predigtthätigkeit, wenn auch keineswegs deren Monopol. (Vgl. 1. Tim. 3,2; 5,17. Tit. 1,5-9.) In der Apologie Justins des Märtyrers tritt bereits ein „Vorsteher" in den Vordergrund. — Noch Cyprian († 258) schreibt der Gemeinde das Recht zu, würdige Priester zu wählen und unwürdige zurückzuweisen: quando ipsa [sc. plebs] maxime habeat potestatem vel eligendi dignos sacerdotes vel indignos recusandi (Brief 67, c. 3). Genauer allerdings drückt er sich (Brief 55, c. 8, vgl. 68, c. 2) über die zur Wahl eines Bischofs befugten Faktoren so aus: (Cornelius von Rom), Bischof nach dem Urteil Gottes und seines Christus, nach dem Zeugnis fast aller Geistlichen, nach dem Votum des (damals) anwesenden Volkes. (De Dei et Christi eius iudicio, de clericorum paene omnium testimonio, de plebis, quae tunc adfuit, suffragio.) ∥ [2]) Benannt nach dem Bischof Ignatius von Antiochia, der nach herkömmlicher Ansicht um 107 den Märtyrertod starb; wahrscheinlich aber erst in der 2. Hälfte des 2. Jahrh. entstanden. — Patrum apostolicorum opera rec. O. de Gebhardt, A. Harnack, Th. Zahn. Leipzig, 1875 ff. — Vgl. auch die unten S. 29 angeführte Stelle aus dem Brief an die Smyrnäer, c. 8. ∥
[3]) Dem Bischof, 2 Presbytern und einem Diakonus. ∥ [4]) Jene repräsentierten mir in ihrem Glauben und ihrer Liebe den Glaubens- und Liebesbesitz der ganzen Gemeinde. Ohne diese 3 Klassen von Beamten gibt es nach dem Brief an die Trallianer, c. 3, keine Gemeinde, die dieses Namens wert wäre (χωρὶς τούτων ἐκκλησία οὐ καλεῖται). — In den Apostolischen Konstitutionen (II, 25 am Schluss, vgl. S. 25, Anm. 11) werden dagegen die Diakonen mit der niederen Geistlichkeit zusammengestellt: „Diese (die Bischöfe) sind eure Hohenpriester, die Presbyter eure Priester, und eure Leviten die jetzigen Diakonen, Vorleser, Sänger, Thürhüter, eure Diakonissen, eure Witwen, Jungfrauen und Waisen." — Weiteres über die Diakonen s. u. S. 25 f.; Abschn. IV A 1 und 3 b; IV C. 2.

A. Gemeindeverfassung.

schof an Gottes Statt den Vorsitz führt, und die Presbyter an Stelle des Rates der Apostel, und die mir so teueren Diakonen mit dem Dienste Jesu Christi betraut sind, welcher vor der Zeit bei dem Vater war und am Ende [der Zeit] erschienen ist.

Derselbe, An die Philadelphier, c. 7.

Ohne den Bischof thut nichts,[1]) euer Fleisch bewahret wie einen Tempel Gottes, die Einigkeit liebet, die Spaltungen[2]) fliehet.

Landbischöfe.[3])

13. Kanon des Konzils von Ancyra (in Galatien, i. J. 314).[4])

Landbischöfe dürfen keine Presbyter oder Diakonen weihen.

13. Kanon von Neucäsarea (in Pontus, i. J. 314).[5])

Die Landbischöfe aber entsprechen zwar [nur] den 70 [Jüngern];[6]) als Genossen des heiligen Amtes aber wegen ihres Eifers für die Armen geehrt bringen sie das [Abendmahls-]Opfer dar.[7])

---

[1]) Cyprian wendet (Brief 67, c. 5) Tit. 1, 7 auf den Einen Bischof an: er ist Gottes Haushalter. In den Apostolischen Konstitutionen (II, 26, Anfang) heisst es sogar: Dieser (der Bischof) ist der Diener des Wortes, der Hüter der Erkenntnis, der Mittler zwischen Gott und euch in seinen gottesdienstlichen Handlungen: dieser der Lehrer der Frömmigkeit, dieser nächst Gott euer Vater, der durch Wasser und Geist euch zur Kindschaft [Gottes] wiedergeboren hat; dieser euer Herrscher und Führer (ἄρχων καὶ ἡγούμενος ὑμῶν), dieser euer König und Herr (βασιλεὺς καὶ δυνάστης); dieser euer irdischer Gott nächst Gott (ἐπίγειος θεός μετά θεόν), welcher eure Ehrerbietung geniessen soll. — Der Bischof habe den Vorsitz unter euch als ein mit göttlicher Würde Geehrter, kraft deren er über den ganzen Klerus und das ganze Volk herrscht. — Λαός = Laienschaft; κλῆρος = sors, Los. Für den Namen clerici gibt Hieronymus (Brief 52, an Nepotianus, c. 5; Migne 22, 531) die doppelte Erklärung: „entweder weil sie zum Lose (Eigentum) des Herrn gehören, oder weil der Herr selbst das Los, d. h der Anteil der Kleriker ist" (vel quia de sorte sunt Domini, vel quia ipse Dominus sors, i. e. pars clericorum est). Auf eine andere Spur führen Apg. 1,17; 25 f. 1. Petr. 5,3.
| [2]) τοὺς μερισμούς. Die Irrlehre, welche die Spaltungen verursacht, heisst (Brief an die Trallianer, c. 6) αἵρεσις (Häresie, Ketzerei). || [3]) χωρεπίσκοποι. Im 1. Brief des röm. Klemens (c. 42) wird zwischen den Bischöfen in Stadt und Land noch kein Rangunterschied gemacht, sondern die Einsetzung beider Arten auf die Apostel zurückgeführt. Auch in dem Bericht über Paulus von Samosata (bei Eus. K. G. VII, 30, 10) erscheinen „die Bischöfe der angrenzenden Dörfer und Städte (ἐπισκόπους τῶν ὁμόρων ἀγρῶν τε καὶ πόλεων) friedlich nebeneinander. || [4]) Mansi, a. a. O. II, 517. || [5]) Ebendas. S. 542 f. ||
[6]) Οἱ δὲ χωρεπίσκοποι εἰσὶ μὲν εἰς τύπον τῶν ἑβδομήκοντα. (Vgl. Luc. 10, 1.) Die Stadtbischöfe dagegen entsprechen dem engeren Jüngerkreis der Zwölfe.
| [7]) ὡς δὲ συλλειτουργοί, διὰ τὴν σπουδὴν εἰς τοὺς πτωχούς, προςφέρουσι τιμώμενοι.

III. Verfassung der alten Kirche.

β) **Niedere Geistlichkeit.**
Brief des Bischofs Kornelius von Rom (251) bei Eus. K.G. VI, 43,11.
Der Verteidiger des Evangeliums[1] verstand also nicht, dass Ein Bischof in einer katholischen Gemeinde sein muss, in welcher, wie er wohl wusste (denn wie sollte er es nicht?) 46 Presbyter sind, 7 Diakonen, 7 Subdiakonen,[2] 42 Akoluthen,[3] Exorcisten,[4] Lektoren[5] und Ostiarii[6] aber zusammen 52, Witwen und Bedürftige über 1500, welche alle die Gnade und Menschenfreundlichkeit des Herrn ernährt.

b) **Weibliche Gemeindebeamte.**
α) Witwen oder Presbyterinnen.[7]
Aufgabe:[8]
12. Kanon des 4. Konzils von Karthago (398).,[9]
Die Witwen oder geweihten Jungfrauen,[10] die zum Dienste

---

[1] ἐκδικητὴς τοῦ εὐαγγελίου wird der Schismatiker Novatianus (s. u. Abschn. V,5) ironisch genannt. ‖ [2] Gehilfen der Diakonen. ‖ [3] Begleiter der Bischöfe, welche die Geschäfte der heutigen Kirchendiener und Chorknaben besorgten. ‖ [4] Teufelsbeschwörer. Insbesondere sollte später bei der Taufe der Teufel aus dem bisherigen Heiden vertrieben werden. Die erste Spur einer Verbindung von Exorcismus und Taufe findet sich in dem Gutachten des Bischofs Crescens von Cirta auf einem zu Cyprians Zeit abgehaltenen Conzil zu Karthago in Sachen der Ketzertaufe: ... „so urteile ich also, dass alle Häretiker und Schismatiker, welche der katholischen Kirche beitreten wollen, nicht eher eintreten sollen, als bis an ihnen der Exorcismus und die Taufe vorgenommen worden ist (nisi exorcizati et baptizati prius fuerint), diejenigen ausgenommen, welche zuvor in der [katholischen] Kirche getauft worden sind. (Cyprian, ed. Hartel, 1, 441.) ‖ [5] Schriftvorleser. ‖ [6] Thürhüter. ‖ [7] Vgl. 1. Tim. 5,3-10. Tit. 2,3-5 (Apost. Konstitutionen III, 1-15.) Epiphanius (Bischof von Salamis auf Cypern, † 403), Gegen die Irrlehren, 79,4, will das Wort πρεσβύτιδες allerdings nur im Sinne von „ältere" [Diakonissen], nicht von Presbyterinnen (πρεσβύτιδας ἢ ἱερίσσας) verstanden wissen. Im biblischen Sprachgebrauch hat aber das Wort Presbyter überhaupt noch nicht den Sinn eines geweihten Priesters; damit ist wohl für die frühere Zeit die Uebersetzung „Presbyterinnen" gerechtfertigt. ‖ [8] Auch an der Einsegnung der Ehen scheinen die Witwen beteiligt gewesen zu sein, denn Tertullian hält in seiner Schrift über die einmalige Ehe (de monogamia, c. 11) dem, der eine zweite Ehe schliesst, vor, dass er etwas verlange, was denen, von denen er es verlange, nicht erlaubt sei, und nennt unter diesen neben dem Bischof, den Presbytern und Diakonen auch die Witwen. (Qualis es id matrimonium postulans, quod eis a quibus postulas non licet habere, ab episcopo monogamo, a presbyteris et diaconis eiusdem sacramenti (welche die gleiche Verpflichtung haben), a viduis, quarum sectam (Lebensweise) in te recusasti?) ‖ [9] Mansi, III,952. ‖ [10] Viduae vel sanctimoniales.

A. Gemeindeverfassung.

der zu taufenden Frauen erwählt werden, sollen so für ihr Amt[1]) unterwiesen sein, dass sie mit geschickter und gesunder Rede die ungebildeten und bäurischen[2]) Frauen zu belehren vermögen, wie sie zu der Zeit, da sie getauft werden sollen, auf die Fragen des Täufers zu antworten, und wie sie nach Empfang der Taufe zu leben haben.[3])

Abschaffung dieses Amtes im Orient:

11. Kanon von Laodicea (um 345).[4])

Dass keine sogenannten Presbyterinnen oder vorsitzende Frauen[5]) in der Kirche eingesetzt werden sollen.

Fortbestand im Occident:

Hieronymus, Zu 1. Tim. 3,1.[6])

Er[7]) befiehlt, dass sie[8]) wie die Diakonen erwählt werden. Daraus ist zu ersehen, dass er von denen spricht, die noch heute im Orient Diakonissen heissen.[9])

β) Diakonissen.[10])

Apost. Konstitutionen, III, 15.[11])

— — Wähle[12]) aber auch eine gläubige und heilige Diakonisse[13]) zu den Dienstleistungen unter den Frauen. Denn es gibt Fälle, in denen du in gewisse Häuser einen (männlichen) Diakon

---

[1]) Officium. || [2]) imperitas et rusticas. || [3]) Die Witwen haben also Taufunterricht zu erteilen. || [4]) Mansi II,566. || [5]) πρεσβύτιδας ἤτοι προκαθημένας. || [6]) Migne, Bd. 30, S. 922. || [7]) Der Apostel Paulus. | [8]) Die Witwen. || [9]) Im Occident bestimmt das Konzil von Orange (441; 26. Kanon; Mansi VI, 440), dass keine Diakonissen zu weihen sind (diaconae omnimodis non ordinandae), setzt aber deren Existenz doch voraus, da sie nur den gewöhnlichen Segen empfangen sollen (si quae iam sunt, benedictione quae populo impenditur capita submittant). Das Konzil von Epaon in Burgund (517; 21. Kanon; Mansi VIII, 561) setzt die Begriffe Witwen und Diakonissen wie Hieronymus und Epiphanius gleich und verbietet ebenfalls, sie zu weihen. (Viduarum consecrationem, quas diaconas vocitant, ab omni regione nostra penitus abrogamus.) || [10]) Vgl. Röm. 16,1. || [11]) Constitutiones apostolicae ed. Lagarde 1862. Die ersten 6 Bücher sind eine Erweiterung und Ueberarbeitung der aus dem 3. Jahrh. stammenden Διδασκαλία (zu unterscheiden von der S. 20 f. verwerteten Διδαχή) τῶν ἀποστόλων. Vgl. Möller, K. G. I, 246. || [12]) Angeredet ist der Bischof. || [13]) Sie sollen nach Apost. Konst. VI, 17 entweder reine Jungfrauen oder wenigstens fromme und ehrbare Witwen sein, die nur einmal verheiratet waren.

nicht schicken kannst um der Ungläubigen willen;[1]) du schickst also die (weibliche) Diakonisse um der Gedanken willen, die sich die Schlechten machen; denn zu vielen Zwecken bedürfen wir einer (weiblichen) Diakonisse. Erstens bei der Taufe soll der Diakon Frauen nur an ihrer Stirn mit dem heiligen Oel salben, und nach ihm soll die Diakonisse sie salben;[2]) denn Frauen sollen von Männern nicht betrachtet werden, sondern nur bei der Handauflegung soll der Bischof ihr Haupt salben, wie die Priester und Könige früher gesalbt wurden.

Hieronymus zu Röm. 16,1.[3])

Wie auch bei den Orientalen die Diakonissen[4]) an ihrem Geschlechte Dienste zu leisten scheinen bei der Taufe oder dem Dienst am Wort, weil wir finden, dass Frauen privatim gelehrt haben, wie [z. B.] Priscilla, deren Mann Aquila hiess.[5])

c) Städtische Parochial-Einteilung.

Epiphanius, Gegen die Irrlehren 69,1.[6])

Soviele Kirchen der katholischen Gemeinde zu Alexandria es nämlich gibt, die unter Einem Erzbischof stehen, — über diese sind auch besondere Presbyter gesetzt für die kirchlichen Bedürfnisse der Umwohner jeder ihrer Kirchen.[7])

d) Lebensunterhalt des Klerus.[8])

α) Apostolische Konstitutionen II, 25.

Was nach dem Gebote Gottes an Zehnten und Erstlingen gegeben wird, verbrauche er[9]) als Mann Gottes. Die freiwilligen für

---

[1]) d. h. um diesen keinen Stoff zu übler Nachrede zu geben. || [2]) An den übrigen Gliedern. || [3]) Migne, a. a. O., Bd. 30, S. 743. || [4]) diaconissae mulieres. || [5]) Apg. 18,26. Dieselbe Bestimmung haben (nach S. 25) die Witwen zu erfüllen. Ausserdem erwähnt Epiphanius (Gegen die Irrlehren 79,3) noch die Pflege von armen und kranken Frauen (ἕνεκεν δὲ σεμνότητος τοῦ γυναικείου γένους, ἢ δι' ὥραν λουτροῦ, ἢ ἐπισκέψεως πάθους, ἢ πόνου; ich lese ὥραν = Fürsorge). || [6]) Ausgabe von Dindorf III, 1, S. 144. Es ist von der Zeit des Arius die Rede (vor dem Konzil zu Nicäa). || [7]) Epiph. fügt noch hinzu, dass diese Einwohnergruppen (genauer: die Komplexe der von ihnen bewohnten Häuser) in Alexandria ἄμφοδοι oder λαῦραι (eigentlich Strassen, „Strassenschaften"; wir würden sagen: kirchliche Distrikte oder Parochien) genannt wurden. Die obige Angabe des Epiphanius, verglichen mit Optatus, de schismate Donatistarum II,4 (s. u. Abschn. IV, C 2a), und Eus. VI, 43,11 (oben S. 24), erlaubt vielleicht einen Schluss auf die Zahl der Kirchengebäude, die Rom schon um die Mitte des 3. Jahrhunderts besass. || [8]) Vgl. oben S. 21: Lehre der 12 Apostel, c. 13. || [9]) Der Bischof.

A. Gemeindeverfassung.

Arme bestimmten Gaben verwalte er wohl für Waisen, Witwen, für Bedrängte und für bedürftige Fremdlinge, als einer, der Gott, welcher ihm diese Verwaltung übertragen,¹) Rechenschaft darüber²) zu geben hat. Teilet aber den Bedürftigen nach Gerechtigkeit zu und machet auch ihr selbst Gebrauch von dem, was dem Herrn geweiht wird,³) nicht aber Missbrauch; esset davon, aber verzehret es nicht allein. — — —

β) Cyprian, Brief 39, c. 5.

Uebrigens wisst⁴) ihr schon, dass wir jenen⁵) die Ehre des Presbyteramtes bestimmt haben, sodass sie durch dieselben Sporteln⁶) wie die Presbyter geehrt werden und von den monatlichen Verteilungen⁷) in gleichen Summen ihren Anteil bekommen.⁸)

γ) 48. Kanon des Konzils von Elvira⁹) (in Spanien, i. J. 306).

Abgestellt soll werden, dass die, welche getauft werden (wie es zu geschehen pflegte), Münzen in den Opferstock¹⁰) legen, damit es nicht scheint, als ob der Priester, was er umsonst empfangen hat, um Geld verkaufe.¹¹)

---

¹) Die Organe der bischöflichen Finanzverwaltung und Armenpflege sind die Diakonen. „Wie der Sohn Bote und Prophet des Vaters ist, so ist auch der Diakon Bote und Prophet des Bischofs. — — Er soll überhaupt nichts ohne den Bischof thun und niemand ohne dessen Zustimmung etwas geben." (Ap. Konst. II, 30-31.) ‖ ²) ὡς ἔχων θεὸν λογιστευτὴν τούτων. Τούτων beziehe ich auf τὰ εἰσφερόμενα, nicht auf die vorhergenannten Personen. ‖ ³) ἐκ τῶν κυριακῶν. ‖ ⁴) Nach der Lesart scitis statt sciatis. ‖ ⁵) Zwei Konfessoren (in der Verfolgung bewährten Bekennern). ‖ ⁶) Sportulae eigentlich = Körbchen; sodann = die Naturalien, welche die Gemeindeglieder für die Erhaltung des Klerus und der Bedürftigen darbrachten. ‖ ⁷) „Von dem Ueberschuss der Geldeinnahme nach Deckung anderweiter kirchlicher Bedürfnisse." (Möller, K. G. I, 256.) ‖ ⁸) ut e sportulis isdem [idem?] cum presbyteris honorentur et divisiones mensurnas aequatis quantitatibus partiantur. — Feste Besoldungen (σαλάρια) gab nach Apollonius, einem sonst unbekannten literarischen Gegner der Montanisten (um 210), zuerst Montanus den Verkündigern seiner Lehre (Euseb. K. G. V, 18, 2): ferner gibt Eusebius (V, 28, 10) folgenden älteren Bericht über einen Konfessor Natalius wieder: „Es liess sich aber Natalius von ihnen (nämlich 2 Anhängern des monarchianisch gesinnten Gerbers Theodotus, der von Bischof Viktor in Rom excommuniciert worden war) überreden, sich für ein Gehalt zum Bischof dieser Sekte machen zu lassen, sodass er von ihnen monatlich 150 Denare (ungefähr = Franken) empfing." ‖ ⁹) Mansi, a. a. O. II, 13. ‖ ¹⁰) concha (wegen der muschelförmigen Gestalt). ‖ ¹¹) Vgl. Tert. apol. 39: neque enim pretio res ulla Dei constat. Also Abschaffung der Accidentien oder Stolgebüren!

III. Verfassung der alten Kirche.

e) Ansätze zur Einführung des Priestercölibats.

α) 33. Kanon von Elvira (306).

Es wurde beschlossen, den Bischöfen, Presbytern und Diakonen und allen im Amt stehenden Geistlichen durchweg zu verbieten, sich ihrer Frauen zu enthalten[1]) und keine Söhne zu zeugen; wer es aber thut, soll von der Ehre des geistlichen Amtes ausgeschlossen werden.

β) 1. Kanon von Neucaesarea (314).[2])

Wenn ein Presbyter heiratet, soll er seine Stellung verlieren. —

γ) 10. Kanon von Ancyra (314).[3])

Die Diakonen, welche noch bei ihrer Einsetzung bezeugt und erklärt haben, dass sie heiraten müssen, da sie nicht so[4]) bleiben können, die sollen, wenn sie nachher heiraten, im Dienste bleiben, weil es ihnen vom Bischof erlaubt worden ist. Die aber, welche dies verschwiegen und es bei der Ordination auf sich genommen haben, so zu bleiben, und nachher doch in die Ehe treten, die sollen des Dienstes enthoben werden.

B. Synoden.

a) Tertulian über das Fasten, c. 13.[5])

— — Es werden ausserdem in griechischen Landen[6]) an bestimmten Orten jene Versammlungen [die] aus allen Gemeinden [beschickt werden] abgehalten, durch welche sowohl über alles Wichtigere zur gemeinsamen Nachachtung verhandelt wird, als auch schon die Vertretung des gesamten Christentums mit grosser Würde stattfindet.[7])

— — Wenn auch wir in verschiedenen Provinzen auch

---

[1]) Bei Mansi II, 11. Der Ausdruck ist offenbar unkorrekt (prohiberi episcopis ... abstinere se ...); der Wortlaut könnte ganz im Widerspruch mit dem offenbar asketischen Sinn der Stelle verstanden werden. — Noch auf der Synode zu Nicäa (325) stösst aber der Versuch, solche Bestimmungen einzuführen, auf wirksamen Widerspruch. (Sokrates, K. G. I, 11, 3 ff. Abgedruckt im nächsten Heft.) ‖ [2]) Mansi II, 543. ‖ [3]) Ebendas. S. 518. ‖ [4]) ledig. ‖ [5]) Tertulliani opera ex rec. Augusti Reifferscheid et Georgii Wissowa, pars I. Prag, Wien und Leipzig 1890. ‖ [6]) per Graecias. ‖ [7]) et ipsa repraesentatio totius nominis Christiani magna veneratione celebratur.

B. Synoden. C. Der Begriff der katholischen Kirche.

diese feierlichen Versammlungen — — abhalten, im [heiligen] Geiste miteinander vereint, so ist dies ein Gesetz der Religion.[1]

b) **Brief des Bischofs Firmilian von Caesarea an Cyprian**, c. 4.[2]
Daher[3] geschieht es bei uns notwendigerweise, dass alljährlich[4] wir Aeltesten und Vorgesetzten[5] an Einem Orte zusammenkommen, um über das, was unserer Fürsorge anvertraut ist, Verfügungen zu treffen, damit etwaige wichtigere Angelegenheiten in gemeinsamer Beratung geordnet werden, auch für die gefallenen und nach dem heilsamen [Tauf-]Bad vom Teufel verwundeten Brüder ein Heilmittel gesucht werde, nicht als ob sie von uns die Vergebung der Sünden empfingen, sondern damit sie von uns zur Erkenntnis ihrer Sünden bekehrt und gezwungen würden, dem Herrn vollkommenere Genugthuung zu leisten.

C. Der Begriff der katholischen Kirche.

a) **(Pseudo-)Ignatius, An die Smyrnaeer**, cap. 8.[6]
Folget alle dem Bischof, wie Jesus Christus dem Vater, und dem Presbyterium wie den Aposteln; die Diakonen aber ehret wie Gottes Gebot. Niemand thue ohne den Bischof etwas von dem, was die Kirche betrifft. Diejenige Eucharistie[7] gelte für rechtmässig, welche unter der Leitung des Bischofs oder dessen steht, den er damit betraut hat. Wo der Bischof erscheint, da sei die Menge, gleichwie die katholische Kirche da ist, wo Christus Jesus ist.[8] Ohne den Bischof ist es weder erlaubt zu taufen,

---

[1] Si et ista sollemnia, quibus tunc praesens patrocinatus est sermo, nos quoque in diversis provinciis fungimur in spiritu invicem repraesentati, lex est sacramenti. — Synoden in Sachen des Montanismus: Eus. K. G. 5, 16, 10; der Passahfeier: 5, 23. ‖ [2] Ausgabe von Hartel, III, 2, S. 812. (75. Brief.) ‖ [3] Weil Ein Prophet nicht die ganze göttliche Weisheit erfasst, sondern diese auf viele verteilt ist. ‖ [4] per singulos annos. ‖ [5] seniores et praepositi. Nach den Akten des Konzils zu Elvira (306) haben nur die Bischöfe Sitz und Stimme, die Presbyter bloss Sitz, während Diakonen und Volk nur stehend beiwohnen. (Vgl. Mansi, Konziliensammlung II, 5: Cum consedissent sancti et religiosi episcopi in ecclesia Eliberitana, ... residentibus etiam viginti et sex presbyteris, adstantibus diaconibus [!] et omni plebe, episcopi dixerunt.) ‖ [6] Vgl. S. 22, Anm. 2. ‖ [7] Abendmahlsfeier. ‖ [8] Ὅπου ἂν φανῇ ὁ ἐπίσκοπος, ἐκεῖ τὸ πλῆθος ἔστω· ὥσπερ ὅπου ἂν ᾖ Χριστὸς Ἰησοῦς, ἐκεῖ ἡ καθολικὴ ἐκκλησία. Die katholische Kirche heisst auch die grosse Kirche. Vgl. Orig., Gegen Celsus V, 59.

noch eine Agape¹) abzuhalten; sondern was jener billigt, das ist auch Gott wohlgefällig, damit alles, was geschieht,²) zuverlässig und rechtskräftig sei.

b) Cyprian, Ueber die Einheit der katholischen Kirche, c. 5—7.³)

c. 5. Der Episkopat ist einer, an dem die einzelnen in solidarischer Weise Anteil haben.⁴) Die Kirche ist eine, welche sich zur Vielheit durch zunehmende Fruchtbarkeit⁵) weiter ausbreitet, wie es viele Sonnenstrahlen gibt, aber nur ein Licht, und viele Baumäste, aber nur einen auf feste Wurzel gegründeten Stamm, und wie, wenn aus einer Quelle sehr viele Bäche hervorgehen, — mag immerhin eine grosse Menge [Wassers] zerstreut erscheinen durch die Reichlichkeit der ausströmenden Fülle, — doch die Einheit im Ursprung gewahrt wird. Reisse einen Sonnenstrahl vom [Sonnen-]Körper los: eine Teilung lässt die Einheit des Lichtes nicht zu; brich einen Ast vom Baume: der abgebrochene wird nicht auszuschlagen vermögen; von der Quelle schneide einen Bach ab: der abgeschnittene vertrocknet. So verbreitet auch die Kirche, vom Lichte des Herrn durchströmt, ihre Strahlen über den ganzen Erdkreis: ein Licht ist es jedoch, welches sich überallhin ergiesst, und die Einheit des Körpers wird nicht zertrennt. Ihre Aeste streckt sie über die gesamte Erde in der Fülle ihrer Fruchtbarkeit, reichlich hervorströmende Bäche ergiesst sie in weitere Ferne: ein Haupt ist sie doch, ein Ursprung und eine Mutter, reich durch die Erfolge ihrer Fruchtbarkeit: aus ihrem Schosse werden wir geboren, durch ihre Milch genährt, durch ihren Geist beseelt.

c. 6. — — — Gott kann nicht zum Vater haben, wer die Kirche nicht zur Mutter hat.⁶) Wenn einer entrinnen konnte, der ausserhalb der Arche Noahs war, so entrinnt auch, wer draussen ausserhalb der Kirche gewesen ist.⁷) — —

Wer diese Einheit nicht festhält, hält Gottes Gesetz nicht fest, hält den Glauben an den Vater und den Sohn nicht fest, hält Leben und Heil nicht fest.

---

¹) Liebesmahl. S. o. S. 7, Anm. 1. ‖ ²) d. h. alle kirchlichen Handlungen. ‖ ³) De catholicae ecclesiae unitate. Ausgabe von Hartel (S. o. S. 11, A. 1.) ‖ ⁴) cuius a singulis in solidum pars tenetur. Der einzelne Teilhaber besitzt doch das Ganze, nicht bloss ein Stück des Episkopats. ‖ ⁵) oder durch das Wachstum, welches in ihrer Fruchtbarkeit begründet ist? (incremento fecunditatis.) ‖ ⁶) Habere non potest Deum patrem, qui ecclesiam non habet matrem. Vgl. Brief 74, c. 7. ‖ ⁷) nämlich: dem ewigen Verderben.

Dieses Geheimnis¹) der Einheit, dieses Band der untrennbar c. 7. zusammenhaltenden Eintracht wird angedeutet, wenn im Evangelium der Rock des Herrn durchaus nicht geteilt und zerrissen, sondern, indem man um das Gewand Christi lost, wer vor den andern Christum anziehen solle, das Gewand ganz empfangen und der Rock unversehrt und ungeteilt besessen wird.

D. Zur Entwicklung des römischen Primats.²)

a) Tertullian, Ueber die Keuschheit, c. 1.³)

— — Ich höre, dass ein Edict gegeben worden ist, und zwar ein bindendes.⁴) Der Oberpriester, d. h. der Bischof der Bischöfe,⁵) verfügt nämlich: Ich erlasse denen, welche Busse gethan haben, auch die Sünden des Ehebruchs und der Unzucht. O über das Edict, welches man nicht als eine gute That wird bezeichnen können! — —

b) Firmilianus an Cyprian, c. 6 u. 17.⁶)

Dass aber die, welche zu Rom sind, nicht in allen Stücken c. 6. das bewahren, was von Anfang an überliefert ist, und ohne Grund die Autorität der Apostel vorschützen, kann man auch daraus ersehen, dass in Bezug auf die Tage der Passahfeier⁷) und viele andere Heiligtümer der Religion offenbar gewisse Abweichungen bei ihnen bestehen und dort nicht alles in gleicher Weise wie in Jerusalem gehalten wird. —

— — Stephanus, welcher sich rühmt, als Nachfolger⁸) den c. 17. Stuhl innezuhaben, wird von keinem Eifer gegen die Ketzer beseelt.

---

¹) sacramentum. ∥ ²) Irenaeus, Gegen die Irrlehrer III, 3: s. unten Abschnitt V, 4a. ∥ ³) De pudicitia. Ausg. von Reifferscheid und Wissowa. ∥ ⁴) peremptorium. ∥ ⁵) pontifex scilicet maximus, quod est episcopus episcoporum. Tertullian gebraucht offenbar hier eine Selbstbezeichnung des römischen Bischofs. ∥ ⁶) S. S. 29, Anm. 2. ∥ ⁷) S. unten Abschnitt IV, B 2a. ∥ ⁸) per successionem. — Eine Leugnung des römischen Bistums des Petrus liegt übrigens nicht in obigem Satze, wie auch Cyprian (Brief 55, c. 8) die Stellung des römischen Bischofs als den locus Petri bezeichnet.

IV. Altchristlicher Kultus.

A. Heilige Handlungen.

1. Verlauf des gesamten Gottesdienstes.[1])

Justin der Märtyrer, Apologie I, c. 65—67.[2])

c. 65. Wir aber führen den, welcher gläubig geworden und beigetreten ist, nachdem wir ihn gebadet haben,[3]) zu den Brüdern, wie wir uns nennen, wo sie versammelt sind, um inbrünstig gemeinsam zu beten, sowohl für uns selbst, als für den [Neu-]Erleuchteten,[4]) als auch für alle anderen allerorten, damit wir gewürdigt werden, nachdem wir die Wahrheit kennen gelernt haben, auch durch [unsere] Werke als gute Verwalter und Hüter der Gebote[5]) erfunden zu werden, um das ewige Heil zu erlangen. Nach Beendigung des Gebetes grüssen wir uns mit einem Kuss. Darauf wird dem Vorsteher[6]) der Brüder Brot und ein Becher mit Wasser und Wein[7]) gebracht, und dieser nimmt es und sendet Lob und Preis zu dem Vater des Alls durch den Namen des Sohnes und des heiligen Geistes[8]) empor und sagt in längerer Rede Dank dafür, dass wir dieser Gaben von ihm gewürdigt sind. Nachdem er das Gebet und die Danksagung beendet hat, sagt das ganze anwesende Volk bestätigend Amen. Das Wort Amen aber bedeutet auf Hebräisch: es geschehe! Und nachdem der Vorsteher gedankt und das ganze Volk zugestimmt hat, geben die, welche bei uns Diakonen heissen, jedem der Anwesenden von dem verdankten[9]) Brot, Wein und

---

[1]) Vgl. den Brief des jüngeren Plinius an Trajan, s. unten: Abschitt VI, 2c; Tert., apolog. c. 39, s. oben S. 5ff.; Apost. Konst. II, 57, s. unten Abschnitt IV, C, 2b. ∥ [2]) Corpus apologetarum christianorum saeculi secundi ed. Otto, 3. Ausg. 1876—81. Krüger, kirchen- und dogmengeschichtliche Quellenschriften, I. Einen allerdings sehr unbestimmten Anhalt für die Abfassungszeit bietet Apol. I, 46: „vor 150 Jahren sei Christus unter Kyrenios (= Quirinius) geboren worden." Kap. 1 weist auf das Jahr 138 hin. Vgl. Krüger, Jahrb. f. protest. Theol. 1890, 4. ∥ [3]) d. h. getauft. ∥ [4]) d. h. Getauften. ∥ [5]) ἀγαθοὶ πολιτευταὶ καὶ φύλακες τῶν ἐντεταλμένων. ∥ [6]) τῷ προεστῶτι. ∥ [7]) eigentlich: und Mischtrank. Aber der Mischtrank entsteht eben erst durch die Verbindung von Wasser und Wein, und gegen Ende des Kap. sowie c. 67 steht auch wirklich οἶνος καὶ ὕδωρ statt des auffälligen ὕδατος καὶ κράματος. ∥ [8]) Wohl = im Namen des Sohnes. C. 67 heisst es: durch seinen Sohn ... ∥ [9]) Dieser Provinzialismus gibt das εὐχαριστηθέντος am kürzesten wieder.

A. Heilige Handlungen.

Wasser zu geniessen und den Abwesenden bringen sie davon [ins Haus].

Und diese Speise heisst bei uns Eucharistie, an welcher c. 66. niemand teilnehmen darf, als wer glaubt, dass das von uns Gelehrte wahr ist, das zur Vergebung der Sünden und zur Wiedergeburt dienende Bad empfangen hat und so lebt, wie Christus es überliefert hat. Denn nicht als gewöhnliches Brot und gewöhnlichen Trank nehmen wir dies, sondern, gleichwie durch den Logos Gottes unser Heiland Jesus Christus Fleisch geworden ist und Fleisch und Blut um unseres Heiles willen empfangen hat,[1]) so ist uns gelehrt, dass auch die Speise, welche durch das von ihm herrührende Gebetswort[2]) verdankt ist, von welcher unser Fleisch und Blut hinsichtlich unserer [einstigen] Umwandlung genährt werden, sowohl das Fleisch als das Blut jenes fleischgewordenen Christus ist. Denn die Apostel haben es in den von ihnen herstammenden Denkwürdigkeiten, welche Evangelien genannt werden,[3]) überliefert, es sei ihnen so befohlen worden: Jesus habe das Brot genommen, gedankt und gesprochen: Dieses thut zu meinem Gedächtnis, dies ist mein Leib; und ebenso habe er den Becher genommen, gedankt und gesprochen: dies ist mein Blut; und ihnen allein habe er es gegeben. Dass dasselbe auch in den Mysterien[4]) des Mithras geschehen, haben nachäffend die bösen Dämonen gelehrt; dass nämlich Brot und ein Becher mit Wasser bei den Einweihungsfeierlichkeiten für den neu Aufzunehmenden

---

[1]) ἔσχεν. ‖ [2]) Matth. 26, 26 ff. — Da im Griechischen das Wort „logos“ bedeutet, so tritt im Urtext die Parallele zwischen dem Logos Gottes (der personifizierten Macht, durch welche sich Gott kundgibt, deren er sich bei der Schöpfung wie bei der Erleuchtung der Menschen bedient,) und dem logos des Abendmahlsgebets deutlicher hervor als in der Uebersetzung. Der Sinn der Stelle wird also sein: Wie durch die Wirksamkeit des Logos die Fleischwerdung (Menschwerdung) Jesu Christi erfolgt ist, so hat der in Christus erschienene Logos durch das bei Einsetzung des Abendmahls gesprochene Dankgebet (den logos des Gebetes) aus Brot und Wein gleichfalls sein Fleisch und Blut werden lassen. Das Gebetswort Christi wirkt aber auch in dem Dankgebet des Gemeindevorstehers bei der Abendmahlsfeier noch fort, sodass auch die späteren Christen dabei durch Fleisch und Blut Christi genährt werden. Vgl. das katholische Dogma von der „Wandlung“ (Transsubstantiation). ‖ [3]) Οἱ γὰρ ἀπόστολοι ἐν τοῖς γενομένοις ὑπ᾽ αὐτῶν ἀπομνημονεύμασιν, ἃ καλεῖται εὐαγγέλια, οὕτως παρέδωκαν ... An dieser Stelle erscheint der Name Evangelien zum ersten Mal in dem uns geläufigen Sinne. ‖ [4]) Geheimkult.

unter gewissen begleitenden Worten aufgetragen wird, das wisst ihr entweder oder könnt es [leicht] erfahren.

c. 67. Wir aber erinnern nachher [auch] sonst[1]) einander immer hieran,[2]) und die wir begütert sind, wir unterstützen alle, die Mangel leiden, und halten immer unter einander zusammen. Und für alles, was wir geniessen, preisen wir den Schöpfer des Alls durch seinen Sohn Jesus Christus und durch den heiligen Geist.

Und an dem nach der Sonne benannten Tage[3]) findet eine Zusammenkunft aller, die in den Städten oder auf dem Lande wohnen, an demselben Orte statt, und die Denkwürdigkeiten der Apostel oder die Schriften der Propheten werden vorgelesen, soweit es die Zeit erlaubt. Sodann, nachdem der Vorlesende geendet hat, hält der Vorsteher eine Ansprache, durch welche er zur Nachahmung so schöner Vorbilder ermahnt und auffordert. Dann stehen wir alle gemeinsam auf und senden Gebete [zum Himmel empor]. Und, wie wir oben gesagt haben,[4]) nachdem wir unser Gebet beendet haben, wird Brot, Wein und Wasser gebracht, der Vorsteher sendet gleichfalls Gebete und Danksagungen, wie es ein jeder vermag, empor, das Volk sagt bestätigend das Amen, die Austeilung und der Genuss des Verdankten wird einem jeden zuteil, und den Abwesenden wird durch die Diakonen [ihr Teil] zugeschickt. Die Wohlhabenden aber und nach eigenem Entschluss dazu Gewillten geben ein jeder, was er will; das Gesammelte wird bei dem Vorsteher niedergelegt, und er unterstützt Waisen und Witwen, die um einer Krankheit oder einer anderen Ursache willen Bedürftigen, die, welche in Banden sind, die auf kurze Zeit anwesenden Fremdlinge, kurz, allen Notleidenden wird er ein Vor-

---

[1]) „Nachher": nach dem Gottesdienst: λοιπόν: sonst, in der übrigen Zeit. ‖ [2]) nämlich an die Bedeutung des heil. Abendmahls. ‖ [3]) τῇ τοῦ ἡλίου λεγομένῃ ἡμέρᾳ. ‖ [4]) Wir werden also auf den Zeitpunkt zurückversetzt, an dem wir gegen Anfang von c. 65 schon standen, d. h. an den Beginn des zweiten, durch den Friedenskuss eingeleiteten Teiles des Gottesdienstes, an dem nur die Getauften Anteil hatten, und dem das in c. 67 von den Worten: „Und an dem nach der Sonne benannten Tage" an Aufgezählte zeitlich vorangeht. Später wurden beide Teile als missa catechumenorum (dieser Ausdruck erscheint im 84. Kanon des 4. Konzils von Karthago) und missa fidelium bezeichnet, weil die Ungetauften vor Beginn der Eucharistie mit der Formel: „missa est ecclesia catechumenorum" entlassen wurden. Von ihr stammt das Wort „Messe" für „Abendmahl" her.

A. Heilige Handlungen.

sorger.[1]) [Gerade] Am Sonntag aber halten wir allesamt unsere Zusammenkunft, weil er der erste Tag ist, an dem Gott die Finsternis und den Urstoff umgewandelt und die Welt gemacht hat, und weil Jesus Christus, unser Heiland, an demselben Tage von den Toten auferstanden ist; denn am Tage vor dem Saturnustage [2]) haben sie ihn gekreuzigt und am Tage nach dem Saturnustage, d. h. am Sonntage, ist er seinen Aposteln und Jüngern erschienen und hat sie das gelehrt, was wir auch euch zur Betrachtung vorgelegt haben.[3])

2. Gebet und Gesang.

a) Das älteste uns erhaltene Kirchengebet.

Clemens (Romanus)[4] an die Korinther, I, 59—61.

Gib, o Herr,[5]) dass wir hoffen auf deinen Namen, der[6]) vor aller Kreatur vorhanden war, indem du die Augen unseres Herzens öffnest, auf dass wir dich erkennen, den allein Höchsten in den Höhen, den Heiligen, der du in den Heiligen ruhst, der du den Uebermut der Hoffärtigen demütigst, der du die Gedanken der Heiden zu nichte machst, der du die Niedrigen erhöhst und die Hohen erniedrigst, der du reich und arm machst, tötest und lebendig machst, den alleinigen Wohlthäter der Geister und den Gott alles

---

[1]) Vgl. Tert. apol. c. 39. (S. o. S. 6.) ‖ [2]) Die umständliche Zeitbestimmung erklärt sich aus der Bedeutung des Saturnustags (Samstags) für die Juden. Es steht aber im Urtext nicht die jüdische Bezeichnung (πρὸ τοῦ σαββάτου), sondern die griechische (πρὸ τῆς κρονικῆς). ‖ [3]) Zu der Ersetzung des Sabbats durch den Sonntag als Gottesdiensttag vgl. auch den Barnabasbrief, c. 15 („wir feiern den 8. Tag") und Ign. ad. Magnesios c. 9: μηκέτι σαββατίζοντες, ἀλλὰ κατὰ κυριακὴν ζῶντες, ἐν ᾗ καὶ ἡ ζωὴ ἡμῶν ἀνέτειλεν δι' αὐτοῦ καὶ τοῦ θανάτου αὐτοῦ. Vgl. jedoch unten S. 46. — Als Fasttage werden schon in der „Lehre der 12 Apostel" (c. 8) Mittwoch und Freitag festgesetzt (ὑμεῖς δὲ νηστεύσατε τετράδα καὶ παρασκευήν, d. h. am 4. Wochentag und am Rüsttag, der dem Sabbat vorausgeht). Fasttage sind aber nach dem „Hirten" des Hermas dies stationum, d. h. Tage, an denen der Christ gleichsam auf Wache (gegen sein Fleisch) steht. Vgl. a. a. O. Gleichnisse (Similitudines) V,1: Warum kommst du frühmorgens hierher? „Herr", sprach ich, „weil ich Posten stehe." (στατίωνα ἔχω). Was, erwidert er, heisst Posten [stehen]? „Ich faste, Herr", sprach ich. ‖ [4]) Vgl. S. 1, Anm. 1. ‖ [5]) Diese Worte sind nach der Conjektur des Herausgebers dieses neuerdings aufgefundenen Stückes, Bryennios, eingeschoben. ‖ [6]) Ich habe hier, statt τὸν, τὸ ἀρχέγονον πάσης κτίσεως ὄνομά σου gelesen, wodurch erst ein klarer Sinn entsteht.

Fleisches, der du hineinschaust in die Abgründe, den Augenzeugen der menschlichen Thaten, den Helfer der Gefährdeten, den Retter der Verzweifelten, den Schöpfer und Aufseher jedes Geistes, der du die Völker auf Erden mehrst und aus allen erwählet hast, die dich lieben durch Jesus Christus, deinen geliebten Knecht, durch den du uns unterwiesen, geheiligt und geehret hast! Wir bitten,[1]) o Herr, dass du unser Helfer und Beschirmer sein mögest! Die unter uns in Drangsal sind, errette, der Niedergeschlagenen erbarme dich, die Gefallenen richte auf, den Bedürftigen offenbare dich, die Kranken heile, die Verirrten deines Volkes bekehre; sättige die Hungernden, befreie unsere Gefangenen, richte die Schwachen auf, tröste die Kleinmütigen! Alle Heiden sollen erkennen, dass du allein Gott bist, und Jesus Christus dein Knecht, und wir dein Volk und die Schafe deiner Weide!

Du hast die ewige Ordnung der Welt durch deine Wirkungen kundgemacht:[2]) du, Herr, hast den Erdkreis geschaffen, der du treu bist in allen Geschlechtern,[3]) gerecht in deinen Gerichten, wunderbar in Kraft und Herrlichkeit; der du weise bist im Schaffen und verständig, das Gewordene zu erhalten; der du dich gütig erweisest an denen, die gerettet werden, und treu an denen, die auf dich trauen. Sei gnädig und erbarme dich, vergib uns unsere Ungesetzlichkeiten und Ungerechtigkeiten, unsere Uebertretungen und Vergehungen! Rechne nicht an jede Sünde deiner Knechte und Mägde, sondern reinige uns mit dem Reinigungsmittel deiner Wahrheit und lenke unsere Schritte, dass wir in Heiligkeit des Herzens wandeln und thun, was gut und wohlgefällig ist vor dir und vor unseren Herrschern.[4])

Ja, Herr, lass dein Angesicht über uns leuchten (durch deine gewaltige Hand und uns zu erretten von aller Sünde durch deinen erhobenen Arm)[5]) und rette uns von denen, die uns mit Unrecht hassen.

Gib Eintracht und Frieden uns und allen, welche die Erde bewohnen, wie du sie unsern Vätern gegeben hast, die dich an-

---

[1]) So darf wohl hier ἀξιοῦμεν übersetzt werden. ‖ [2]) Der Sinn der Worte: σὺ τὴν ἀέναον τοῦ κόσμου σύστασιν διὰ τῶν ἐνεργουμένων ἐφανεροποίησας wage ich nicht mit Sicherheit zu bestimmen. ‖ [3]) durch alle Menschenalter hindurch. ‖ [4]) ἀρχόντων. ‖ [5]) an der eingeklammerten Stelle muss wohl etwas ausgefallen sein.

A. Heilige Handlungen.

riefen in Treue¹) und Wahrheit, [allen], die deinem allherrschenden und allheiligen²) Namen gehorsam sind.

Unsern Herrschern und Vorstehern auf Erden aber, o Herr, du hast ihnen die Macht des Reiches gegeben durch deine herrliche und unbeschreibliche Gewalt, auf dass wir die Ehre und Würde erkennen, die ihnen von dir gegeben ist, und ihnen unterthan sind, deinem Willen auf keine Weise uns widersetzen; gib ihnen denn, Herr, Gesundheit, Frieden, Eintracht und Festigkeit, auf dass sie das Herrscheramt, das du ihnen gegeben hast, untadelig verwalten!

Denn du, himmlischer Herr, König der Ewigkeiten, gibst den Menschenkindern Ehre und Würde und Macht über das, was auf Erden ist; du, Herr, lenke ihren Rat nach dem, was gut und vor dir wohlgefällig ist, auf dass sie in Frieden und Sanftmut fromm die Vollmacht ausüben, die du ihnen gegeben hast, und deine Huld erlangen!

Der du allein die Macht hast, dies und noch viel mehr Gutes an uns zu thun, dich preisen wir durch den Hohenpriester und Schutzherrn unserer Seelen Jesus Christus, durch welchen dir Ehre und Herrlichkeit sei von Geschlecht zu Geschlecht und von Ewigkeit zu Ewigkeit! Amen.

b) Ein altchristlicher Hymnus.

Von Clemens von Alexandria, Pädagog, III, 12, 101.³)

Ungelenker Füllen Zügel,
Nie verirrter Vöglein Flügel,
Steuerruder ohn' Gefährde,
Hirt der königlichen Herde,
Sammle, sammle in der Runde
Um dich her der Kinder Kreis,
Dass sie aus der Unschuld Munde
Singen ihres Führers Preis.

Grosser König der Geweihten,
Du des hochgebenedeiten
Vaters allbezwingend Wort,
Quell der Weisheit, starker Hort
Der Bedrängten fort und fort;
Der da ist und der da war,

---

¹) oder „in Glauben"? (πίστει.) ǁ ²) πανάρετῳ. ǁ ³) Uebersetzt von Hagenbach (Kirchengeschichte in Vorlesungen I, 202 f). S. o. S. 15, Anm. 2.

Der da sein wird immerdar,
Jesu, aller Welt Befreier,
Heger, Pfleger, Zügel, Steuer,
Himmelsfittich, o du treuer
Hüter der allheil'gen Schar!
    Fischer, der mit süssem Leben
Fischlein lockt, geweiht dem Guten,
Aus der Bosheit argen Fluten
Rettend sie ans Land zu heben,
Führe du, o Herr der Reinen,
Hirte, führe du die Deinen
Deine Pfade, Christi Pfade,
Deinen Weg, den Weg der Gnade.
Wort aus Gott von Anbeginn,
Unbegrenzter Gottessinn,
Der Barmherzigkeiten Quelle,
Ewigklare Lichteshelle,
Der du unsere Tugend bist,
Tugendspender, Jesu Christ!
Himmelsmilch, der Weisheit Gabe,
Die als eine süsse Labe
Aus dem Schoss der Gnadenbraut
Mild auf uns herniedertaut,
Die wir mit des Säuglings Lust,
Hängen an der Mutter Brust,
Uns in diesem Tau der Gnaden,
Uns im Geiste rein zu baden:
Lass in Einfalt wahr und rein
Unser frommes Loblied sein;
Dass wir für die Lebensspeise
Deiner Worte dir zum Preise
Singen, dir, dem starken Sohn,
Im vereinten Liebeston.
Auf denn, auf, ihr Christgebornen,
Auf, du Volk der Auserkornen,
Schwinge dich, o Friedenschor,
Zu des Friedens Gott empor!

c) Die Haltung beim Gebet.

Tertullian, Ueber das Gebet, c. 23.[1])

    Auch in Betreff der Kniebeugung erleidet das Gebet eine Verschiedenheit des Brauchs durch ein paar Leute,[2]) die am Sabbat ihre Knie schonen. — —

---

[1]) de oratione. Ausg. v. Reifferscheid u. Wissowa. ‖ [2]) per pauculos quosdam.

A. Heilige Handlungen.

Wir aber müssen uns, wie es uns überliefert ist, allein am Tage der Auferstehung des Herrn[1]) nicht nur vor dieser, sondern vor jeder Geberde und Handlung der Furcht hüten und sogar unsere Geschäfte verschieben, damit wir dem Teufel keinen Raum geben; desgleichen auch in der Pfingstzeit, welche durch dieselbe festliche Freude ausgezeichnet wird.[2]) Im Uebrigen, wer sollte sich bedenken, an jedem Tage sich vor Gott niederzuwerfen, oder wenigstens beim ersten Gebet, mit welchem wir den Tag antreten? An den Fast- und Stationstagen aber[3]) soll kein Gebet ohne Knie-[beugung] und die sonstigen üblichen Demutsbezeigungen abgehalten werden. Denn wir bitten nicht bloss, sondern leisten auch Abbitte und Sühne[4]) Gott unserm Herrn. Ueber die Gebetszeiten ist gar nichts vorgeschrieben, ausser, dass wir zu jeder Zeit und an jedem Ort beten sollen.

3. Die Taufe.

a) Die kirchliche Taufe.

α) Lehre der 12 Apostel, c. 7.[5])

Was aber die Taufe betrifft, so taufet also: Nachdem ihr dieses alles[6]) vorher mitgeteilt habt, taufet auf den Namen des Vaters und des Sohnes und des heiligen Geistes in fliessendem Wasser. Wenn du aber kein fliessendes Wasser hast, so taufe in anderem Wasser; wenn du es aber in kaltem nicht thun kannst, [so taufe] in warmem. Wenn du aber beides nicht hast, so giesse auf das Haupt dreimal Wasser im Namen des Vaters und Sohnes und heiligen Geistes.[7]) Vor der Taufe aber soll der Täufer und der Täufling fasten und einige andere, die es etwa vermögen; dem Täufling aber gebiete, 1 oder 2 Tage vorher zu fasten.[8])

β) Tertullian, Ueber die Taufe, c. 16—20.[9])

Es gibt allerdings für uns noch ein zweites Bad, [das aber c. 16. doch] ein und dasselbe [ist], nämlich das des Blutes, von dem

---

[1]) Hier = Sonntag. ‖ [2]) spatio Pentecostes, quae eadem exultationis sollemnitate dispungitur. ‖ [3]) S. o. S. 35, Anm. 3. ‖ [4]) satisfacimus. ‖ [5]) S. S. 13, Anm. 6. ‖ [6]) Die vorausgehenden Lehren. ‖ [7]) Vgl. mit dieser aus Mt. 28,19 stammenden Taufformel Stellen wie Röm. 6,3; Apg. 2,38; 8,16; 19,5. ‖ [8]) Vgl. Justin. Apol. I,61. ‖ [9]) De baptismo.

der Herr sagt: „Ich muss mich mit einer Taufe taufen lassen",[1]) während er doch schon getauft war. Er war nämlich „gekommen durch Wasser und Blut", wie Johannes geschrieben hat,[2]) um mit Wasser getauft, durch [sein] Blut verherrlicht zu werden, um demgemäss uns durch Wasser zu Berufenen, durch Blut zu Auserwählten zu machen. Diese zwei Taufarten liess er aus der Wunde seiner durchbohrten Seite hervorgehen, weil die, welche an sein Blut glaubten, mit Wasser abgewaschen werden, die, welche sich mit Wasser abgewaschen hätten, auch [sein] Blut trinken sollten. Dies ist die Taufe,[3]) welche das Taufbad sowohl, wenn es nicht empfangen worden ist, vertritt, als auch, wenn es[4]) [wieder] verloren gegangen, wiedererstattet.

c. 17. Es bleibt zur abschliessenden Erledigung unseres Gegenstandes noch etwas über die Sitte, die bei Erteilung und Empfang der Taufe herrscht, zu erwähnen. Das Recht, sie zu erteilen, hat der oberste Priester, welcher der Bischof ist; in zweiter Linie die Presbyter und Diakonen, doch nicht ohne die Vollmacht des Bischofs, um der Ehre der Kirche willen, mit der zugleich auch der Friede gewahrt ist.[5]) In andern Fällen haben auch die Laien das Recht. Denn was auf gleiche Weise empfangen wird, kann auf gleiche Weise gegeben werden. Wenn noch keine Bischöfe oder Presbyter oder Diakonen [da sind], werden Schüler[6]) [zur Taufe] gerufen. Das Wort des Herrn darf vor niemand verborgen werden. Daher kann auch die Taufe, die in gleicher Weise ein Schatz Gottes ist, von allen vollzogen werden; aber wie viel mehr liegt den Laien die gute Sitte[7]) der Ehrerbietung und Bescheidenheit ob, wenn diese [schon] Höheren zich ziemt, damit sie[8]) sich nicht das geweihte Amt des Bischofs anmassen. Die Konkurrenz mit dem Bistum[9]) ist die Mutter der Spaltungen. Alles sei erlaubt, sagt der heiligste Apostel, aber nicht alles nütze. Es möge dir nämlich genügen, in Notfällen Gebrauch davon[10]) zu machen, wo etwa die Beschaffenheit des Ortes oder der Zeit oder der Person dazu nötigt. — — — Der Uebermut des Weibes aber, das

---

[1]) Luc. 12,50. ‖ [2]) 1. Joh. 5, 6. ‖ [3]) nämlich die Bluttaufe des Märtyrertums. ‖ [4]) d. h. seine Segenswirkungen. ‖ [5]) Vgl. Ign. ad Smyrn. 8 (S. o. S. 29. ‖ [6]) d. h. Laien. ‖ [7]) disciplina. ‖ [8]) nämlich die Laien. ‖ [9]) Episcopatus aemulatio. Mit diesen Worten beginnt ein neuer Satz. Vgl. die Uebersetzung von Kellner. (Bibliothek der Kirchenväter, Kempten, Kösel. 1872. Tertullians Werke II, S. 383 f.) ‖ [10]) Von dem Recht zu taufen.

A. Heilige Handlungen.

sich herausnahm zu lehren, wird sich doch wenigstens nicht auch
das Recht zu taufen aneignen, es müsste denn etwa ein neues Un-
geheuer ähnlich dem alten[1]) auftreten, sodass, wie jene die Taufe
abschaffte, so eine auf eigene Faust sie erteilte. Wenn man nun
die fälschlich dem Paulus zugeschriebenen Schriften[2]) verteidigt zu
Gunsten der Berechtigung der Frauen, zu lehren und zu taufen, so
mag man wissen, dass in Asien ein Presbyter, welcher diese Schrift
verfertigt hat, indem er gleichsam den Ruhm des Paulus aus
eigenem Vermögen mehrte,[3]) aus seinem Amt geschieden ist, nachdem er überführt worden war und bekannt hatte, er habe dies aus
Liebe zu Paulus gethan.[4]) Denn wie könnte es glaubwürdig erscheinen, dass der dem Weibe die Vollmacht zu lehren und zu
taufen gäbe, welcher dem Weibe nicht einmal erlaubte, beständig
zu lernen. „Sie mögen schweigen und daheim ihre Männer
fragen."[5])

Uebrigens wissen die, deren Amt es ist, dass man die Taufe c. 18.
niemand leichtsinnig anvertrauen darf. Das „Gib jedem, der dich
bittet",[6]) hat seine besondere Geltung gerade für das Almosen.
Vielmehr ist jener Ausspruch genau zu betrachten: „Gebet das
Heilige nicht den Hunden und werfet eure Perlen nicht den
Schweinen vor",[7]) und „lege nicht leichthin deine Hände auf, damit du nicht an fremder Schuld teilnehmest".[8])

— — — So ist denn je nach der Lage und Verfassung einer
jeden Persönlichkeit, auch nach ihrem Alter, eine Aufschiebung der
Taufe nützlicher; vornehmlich jedoch bezüglich der kleinen Kinder.
Denn wozu ist es nötig, dass auch noch die Paten in Gefahr gebracht werden? Denn auch sie können infolge ihrer Sterblichkeit
ihre Versprechungen unerfüllt lassen und durch das Hervortreten
eines schlechten Charakters sich getäuscht sehen. Zwar sagt der
Herr: „Hindert jene nicht, zu mir zu kommen."[9]) So mögen sie
denn kommen, wenn sie heranwachsen, kommen, wenn sie lernen,
wenn sie belehrt werden, wohin sie kommen sollen; sie mögen
Christen werden, wenn sie Christum zu erkennen vermögen.
Warum hat es das unschuldige Alter so eilig mit der

---

[1]) Kellner a. a. O. nennt Quintilla. S. unten, Abschnitt V, E, 3 bβ.
‖ [2]) Die Acta Pauli. ‖ [3]) Presbyterum, qui eam scripturam construxit, quasi
titulo Pauli de suo cumulans. ‖ [4]) id se amore Pauli fecisse. ‖ [5]) 1. Kor.
14,34 f. ‖ [6]) Luc. 6, 30. ‖ [7]) Mt. 7,6. ‖ [8]) 1. Tim. 5, 22. ‖ [9]) Mt. 19, 14.

Vergebung der Sünden?¹) Soll [etwa] vorsichtiger in weltlichen Dingen verfahren werden [als in geistlichen], sodass dem, welchem ein irdisches Vermögen nicht anvertraut wird, ein himmlisches anvertraut wird? Sie mögen lernen, ihr Heil zu erflehen, damit du als einer erscheinst, der „einem Bittenden gegeben hat".²) — —

Wenn jemand die Bedeutung der Taufe versteht, so wird er sich vor ihrer Erlangung mehr fürchten als vor ihrer Aufschiebung: ein unversehrter Glaube ist des Heiles gewiss.³)

c. 19. Einen feierlicheren Tag für die Taufe bietet das Passah, da auch das Leiden des Herrn, auf das wir getauft werden, vollendet ist, und nicht unzutreffend wird es auf bildliche Weise gedeutet werden,⁴) dass, als der Herr im Begriff war, das letzte Passah zu feiern, er zu den Jüngern, die er aussandte, um es vorzubereiten, sprach: „Ihr werdet einen Menschen treffen, der Wasser trägt."⁵) Den Ort für die Passahfeier machte er ihnen durch das Zeichen des Wassers kenntlich. Sodann ist die Pfingstzeit⁶) ein breiter Raum für Anordnung von Taufhandlungen, in der sowohl die Auferstehung des Herrn im Kreise der Jünger gefeiert, als auch die Gnade des heiligen Geistes verliehen und die Hoffnung auf die Wiederkunft des Herrn eröffnet worden ist, weil damals, als er wieder in den Himmel aufgenommen wurde, die Engel zu den Aposteln sagten, er werde so kommen wie er gen Himmel gefahren sei, sicherlich zu Pfingsten. Aber auch wenn Jeremias sagt: „Und ich will sie versammeln von den Enden der Erde am festlichen Tage",⁷) so bezeichnet er den Tag des Passah und der Pfingsten, der im eigentlichen Sinne ein Festtag⁸) ist. Uebrigens ist jeder Tag [ein Tag] des Herrn, jede Stunde, jede Zeit für die Taufe geeignet; mag es auch einen Unterschied in Bezug

---

¹) Fiant Christiani, quum Christum nosse potuerint. Quid festinat innocens aetas ad remissionem peccatorum? ‖ ²) Luc. 6, 30. S. o. ‖ ³) Fides integra secura est de salute. ‖ ⁴) Tert. muss hier das interpretabitur im passiven Sinne gebraucht haben. ‖ ⁵) Mc. 14, 13. ‖ ⁶) Pentecoste an dieser Stelle jedenfalls nicht das Pfingstfest, sondern die quinquagesima, d. h. die 50 Tage nach Ostern, welche im Gegensatz zur vorausgehenden Fastenzeit als Freudenzeit gefeiert wurde. Weiter unten ist dagegen das Pfingstfest gemeint (dies festus). ‖ ⁷) Jer. 31, 8 Die Worte „in die festo" stehen allerdings dort nicht: sie sind wohl auf Grund der folgenden Verse (z. B. v. 12) von Tert. hinzugefügt. ‖ ⁸) d. h. ein Freudentag.

A. Heilige Handlungen.

auf die Feierlichkeit machen, in Bezug auf die Gnade macht es keinen.¹)

Die, welche sich zu[m Empfang] der Taufe anschicken, müssen c. 20. unter häufigen Gebeten, Fasten, Kniebeugungen und Nachtwachen beten, und [zwar in Verbindung] mit dem Bekenntnis aller hinter ihnen liegenden Sünden, um auch die Taufe des Johannes darzustellen. „Sie wurden getauft", sagt er, „indem sie ihre Sünden bekannten."²) Es ist uns Glück zu wünschen, wenn wir nicht öffentlich unsere Ungerechtigkeiten und Schandthaten bekennen.³) Wir leisten nämlich zugleich für die früheren in Betrübnis des Fleisches und Geistes Genugthuung und bauen gleichzeitig Bollwerke gegen die nachfolgenden Versuchungen.

„Wachet und betet", spricht er,⁴) „dass ihr nicht in Anfechtung fallet." — — —

b) Die Ketzertaufe.

Firmilianus an Cyprian, c. 8 u. 18.⁵)

Da Stephanus⁶) und seine Gesinnungsgenossen behaupten, c. 8. die Vergebung der Sünden und die Wiedergeburt können auf die Taufe der Ketzer sich erstrecken, bei denen [doch], wie jene selbst zugeben, der heilige Geist nicht ist, so mögen sie erwägen und einsehen, dass eine geistliche Geburt ohne den Geist unmöglich ist, wie denn auch der selige Apostel Paulus die, welche von Johannes⁷) getauft waren, bevor der heil. Geist vom Herrn gesandt war, von neuem mit der Geistestaufe taufte und ihnen die Hand so auflegte, dass sie den heiligen Geist empfingen. Wie steht es aber dann damit, dass, während wir sehen, dass Paulus nach der Johannestaufe seine Jünger nochmals getauft hat, wir Bedenken tragen, diejenigen, die von einer Sekte zur Kirche kommen, nach ihrer unzulässigen und profanen Tauchung zu taufen? — —

---

¹) Ceterum omnis dies domini est, omnis hora, omne tempus habile baptismo: si de solemnitate interest, de gratia nihil refert. ǁ ²) Mt. 3,6: er: hier redet nicht, wie in anderen Citaten unseres Kap., der Herr, sondern der Evangelist. ǁ ³) Wie es die thun mussten, welche als Glieder der Kirche wieder abgefallen waren. S. o. S. 12. ǁ ⁴) Der Herr; Mt. 26, 41. ǁ ⁵) S. o. S. 29, A. 2. ǁ ⁶) Bischof von Rom 254-257. ǁ ⁷) Dem Täufer. Vgl. Apg. 19, 1-6.

c. 18. Aber so wirksam ist, wie er¹) sagt, der Name Christi²) für den Glauben und die Heiligung der Taufe, dass, wer nur immer und wo er nur immer im Namen Christi getauft sei, sofort die Gnade Christi erlange. — — Dann werden auch die übrigen bei den Ketzern vollzogenen Handlungen anfangen als gerecht und gesetzlich zu gelten, wenn sie im Namen Christi geschehen; wie denn Ihr in Euerm Briefe ausgeführt habt, dass nur in der Kirche (allein) der Name Christi wirksam sein könne, der allein Christus die Vollmacht der himmlischen Gnade gewährt habe.³)

4. Das heilige Abendmahl.

„Lehre der 12 Apostel", c. 9. 10. 14.⁴)

c. 9. Was aber die Eucharistie betrifft, so danket also: Erstlich inbetreff des Kelches⁵): „Wir danken dir, unser Vater, für den heiligen Weinstock deines Knechtes David, welchen du uns durch deinen Knecht Jesus kund gethan hast;⁶) dir die Ehre in Ewigkeit!" Inbetreff des gebrochenen Brotes aber: „Wir danken dir, unser Vater, für das Leben und die Erkenntnis, die du uns durch deinen Knecht Jesus kund gethan hast; dir die Ehre in Ewigkeit! Gleichwie dieses Brot über die Berge hin zerstreut war⁷) und gesammelt eins wurde, so werde deine Kirche von den Enden der Erde in dein Reich gesammelt; denn dein ist die Ehre und die

---

¹) Stephanus. ‖ ²) Der auch von den Ketzern bei der Taufe ausgesprochen wird. ‖ ³) In dem Brief an Magnus (Nr. 69), c. 12, betont Cyprian, dass der Segen der Taufe davon abhängt, dass sie in der Kirche vollzogen wird, wo der Glaube des Empfangenden und des Gebenden korrekt ist (quando haec in ecclesia fiunt, ubi sit et accipientis et dantis fides integra). Cyprian stimmt also mit Tertullian (Ueber die Taufe, c. 15) überein. Auch kann er sich (Brief 73, 1) auf eine kürzlich (i. J. 256) abgehaltene Synode von 71 Bischöfen der Provinzen Afrika und Numidien für die Ansicht berufen, „dass diejenigen, welche von ehebrecherischem und weihelosem Wasser herkommen" (d. h. von der Ketzertaufe; Ketzerei = Bruch des mit Gott geschlossenen [Ehe-] Bundes) „und deshalb durch die Wahrheit des heilsamen Wassers" (d. h. die katholische, wahre Taufe) „abzuwaschen und zu heiligen sind, von uns nicht wiedergetauft, sondern getauft werden." Seine Anschauung siegt auch zu Nicäa (325), wo die Wiedertaufe von Ketzern, allerdings mit specieller Bezugnahme auf die Anhänger Pauls von Samosata, angeordnet wird. (Canon XIX; Mansi, II, 675 ff.) ‖ ⁴) Vgl. S. 13, Anm. 6. — Ausserdem vgl. S. 32 ff. ‖ ⁵) περὶ τοῦ ποτηρίου. ‖ ⁶) Der Sinn dieser Stelle ist zweifelhaft. Vgl. die Ausgabe von Harnack (Texte und Untersuchungen II), S. 29. ‖ ⁷) Als das Korn noch auf dem Felde stand.

Macht durch Jesus Christus in Ewigkeit." Niemand aber esse und trinke von eurer Eucharistie ausser den auf den Namen des Herrn Getauften; denn auch in Bezug hierauf hat der Herr gesagt: Gebet das Heilige nicht den Hunden.[1])

Nachdem ihr euch aber gesättigt habt, danket also: „Wir c. 10. danken dir, heiliger Vater, für deinen heiligen Namen, den du in unseren Herzen hast Wohnung machen lassen, und für die Erkenntnis und den Glauben und die Unsterblichkeit, die du uns durch deinen Knecht Jesus kund gethan hast; dir die Ehre in Ewigkeit! Du, allmächtiger Herr, hast das All geschaffen um deines Namens willen, hast Speise und Trank den Menschen zum Genuss gegeben, damit wir dir danken; uns aber hast du geistliche Speise und [geistlichen] Trank und ewiges Leben geschenkt durch deinen Knecht. Vor allem danken wir dir, dass du[2]) mächtig bist: dir die Ehre in Ewigkeit! Gedenke, Herr, deiner Kirche, dass du sie von allem Bösen erlösest, und sie vollendest in deiner Liebe, und führe sie zusammen von den vier Winden, die geheiligte, in dein Reich, das du ihr bereitet hast; denn dein ist die Macht und die Ehre in Ewigkeit! Es komme die Gnade und es vergehe diese Welt. Hosanna dem Gotte Davids![3]) Ist einer heilig, so trete er herzu; ist er es nicht, so thue er Busse! Maran atha![4]) Amen.

Am Tage des Herrn aber versammelt euch und brechet Brot c. 14. und danket, nachdem ihr eure Uebertretungen bekannt habt,[5]) damit euer Opfer rein sei. Jeder aber, der ein Zerwürfnis mit seinem Genossen hat, komme nicht mit euch zusammen, bis sie sich versöhnt haben, damit euer Opfer nicht entweiht werde, denn so lautet der Spruch des Herrn: „An jedem Ort und zu jeder Zeit soll man mir ein reines Opfer darbringen; denn ich bin ein grosser König und mein Name ist wunderbar unter den Völkern."[6])

---

[1]) Mt. 7,6. ‖ [2]) σύ ist in die Tonstelle gerückt. ‖ [3]) = Heil dem Gotte Davids! Es scheint mir natürlicher, das ὡσαννά (eigentlich = hilf doch!) in dem allgemeineren Sinne des Heilrufs wirklich auf Gott zu beziehen, als mit Harnack (a. a. O. S. 34) auf Christus, der in unserer Schrift wohl als der Herr der Christenheit, aber doch nicht als Gott, sondern als Knecht Gottes bezeichnet wird. ‖ [4]) Aramäisch = der Herr (Christus) kommt [wieder]. Vgl. 1. Kor. 16, 22. ‖ [5]) nämlich euch gegenseitig. Vgl. Möller, K. G. I, 285. ‖ [6]) Frei nach Mal. 1, 11 u. 14.

B. Heilige Zeiten.
1. Wochenfeiertage.[1])

Sokrates, Kirchengesch. V, 22, 42—46.[2])

Während die Kirchen in der ganzen Welt allwöchentlich am Sabbatstage das heilige Abendmahl feiern[3]), haben es die alexandrinische und römische auf Grund einer alten Ueberlieferung abgelehnt, dies zu thun. Die Aegyptier aber in der Nachbarschaft der Alexandriner und die Bewohner der Thebais halten am Sabbat zwar Versammlungen, nehmen aber nicht, wie es Christensitte ist, das heil. Abendmahl. Nachdem sie nämlich gespeist und mit allerlei Gerichten sich angefüllt haben, bringen sie gegen Abend die Opfergaben dar[4]) und nehmen das heil. Abendmahl. Wiederum in Alexandria werden am vierten Wochentage und am sog. Rüsttage die heil. Schriften vorgelesen, und die Lehrer legen sie aus, und alles, was zu einer [gottesdienstlichen] Versammlung gehört, geschieht mit Ausnahme der Abendmahlsfeier. Und dies ist in Alexandria eine alte Sitte; denn auch Origenes hat bekanntlich meist an diesen Tagen in der Kirche gelehrt.[5]) — —

2. Jahresfeste.
a) Osterfrage.

Eusebius, Kirchengeschichte, V, 23 u. 24.

c. 23. Zu dieser Zeit[6]) wurde eine nicht unbedeutende Streitfrage angeregt. Die Gemeinden von ganz Asien[7]) glaubten nämlich mit Berufung auf eine ältere Ueberlieferung, den 14. Tag des Monats, an dem den Juden das [Passah-]Lamm zu schlachten geboten war, für das Fest des heilbringenden Passah[8]) beibehalten zu müssen, in der Meinung, immer an demselben Tage, welcher Wochentag es auch sein möge, die Fasten beschliessen zu müssen; dagegen war es bei den Gemeinden in der ganzen übrigen Welt nicht Sitte, [das Fest] in dieser Weise zu feiern; vielmehr beobachteten sie auf Grund apostolischer Ueberlieferung die noch bis jetzt herr-

---

[1]) Vgl. o. S. 35, insbesondere Anm. 3. ‖ [2]) Ausgabe von Hussey, Oxford 1853. Sokrates war 380 zu Konstantinopel geboren. ‖ [3]) τὰ μυστήρια. ‖ [4]) προςφέροντες. Das Erwähnte geschieht dem Zusammenhang nach an anderen Tagen als am Sabbat. ‖ [5]) τὰ πολλὰ — — φαίνεται — — διδάξας. ‖ [6]) Zur Zeit des Bischofs Viktor von Rom, 192—194. ‖ [7]) Der römischen Provinz Asia. ‖ [8]) τοῦ πάσχα σωτηρίου: des Passah, an dem Christus den Erlösertod gestorben war.

schende Sitte, dass es sich an keinem anderen Tage, als dem der Auferstehung unseres Heilandes,¹) gezieme, die Fasten zu beschliessen. Es wurden nun Synoden und Versammlungen²) gehalten, und alle stellten es einmütig durch Briefe für die [Gläubigen] allerorten als **kirchliche Regel³) fest, dass an keinem anderen als am Tage des Herrn das Geheimnis der Auferstehung des Herrn von den Toten gefeiert werde, und dass wir nur auf diesen Tag das Ende der Osterfasten legen sollen.** — — —

An der Spitze der Bischöfe Asiens, welche darauf bestanden, c. 24. man müsse die von alters her ihnen überlieferte Sitte beibehalten, stand Polykrates,⁴) welcher auch in dem Schreiben, das er an Viktor und die römische Gemeinde richtete, die auf ihn gekommene Ueberlieferung auseinandersetzte. — — —

Darauf hin versuchte Viktor, der Vorsteher der römischen Gemeinde, die Gemeinden von ganz Asien zusammen mit den angrenzenden Gemeinden als andersgläubige⁵) von der gemeinsamen Vereinigung auszuschliessen und brandmarkte sie durch Schreiben,⁶) indem er bekannt machte, dass alle dortigen Brüder völlig ausserhalb der Gemeinschaft ständen.

Aber nicht alle Bischöfe waren damit einverstanden. — — Unter ihnen schrieb auch Irenaeus im Namen der Brüder in Gallien, deren Vorsteher er war, und stimmte zwar bei, dass nur am Tage des Herrn das Geheimnis der Auferstehung des Herrn gefeiert werden müsse, ermahnte aber Viktor in geziemender Weise, dass er nicht ganze Gemeinden Gottes ausschliesse, welche die Ueberlieferung einer alten Sitte bewahren, [zunächst] mit vielen anderen Worten und fügte dann wörtlich folgendes hinzu: „Denn auch nicht allein um den Tag dreht sich der Streit, sondern auch um die Art des Fastens. Die einen nämlich glauben, dass sie Einen Tag fasten sollen, andere 2, andere auch mehrere; wieder andere bemessen ihren [Fast-]Tag auf 40 Tages- und Nachtstunden. Und eine solche Buntheit in der Beobachtung [des Fastens] ist nicht zu unserer Zeit entstanden, sondern schon viel früher zur Zeit unserer Vorfahren, die wahrscheinlich nicht mit der gehörigen Genauigkeit ihre Herrschaft ausübten und die aus Einfalt und Unwissenheit entstandene Gewohnheit auf die Nachwelt übertrugen. Und

---

¹) d. h. an einem Sonntage. || ²) συγκροτήσεις ... ἐπὶ ταὐτόν. || ³) ἐκκλησιαστικὸν δόγμα. || ⁴) von Ephesus. || ⁵) ἑτεροδοξούσας. || ⁶) διὰ γραμμάτων.

nichtsdestoweniger haben diese Frieden gehalten und halten wir Frieden untereinander, und die Verschiedenheit im Fasten bekräftigt nur noch die Einmütigkeit im Glauben." [1] — — —

Solche Ermahnungen und vermittelnde Worte schrieb Irenäus, der seinen Namen mit Recht führte und seinem eigenen Charakter nach ein Friedensstifter war, im Interesse des Friedens der Gemeinden.

b) Pfingsten.

a) Origenes, Gegen Celsus, VIII, 22.[2]

Wer ferner wahrheitsgemäss sagen kann: „Wir sind mit

---

[1] ἡ διαφωνία τῆς νηστείας τὴν ὁμόνοιαν τῆς πίστεως συνίστησι: d. h. darin, dass die Verschiedenheit in den Gebräuchen den Frieden nicht stört, zeigt sich besonders deutlich, wie stark das noch übrig bleibende Band der Gemeinschaft, die Einigkeit im Glauben, ist. Unter den Vertretern dieser weitherzigen Gesinnung werden im folgenden auch die Bischöfe Polykarp von Smyrna einerseits und Anicet von Rom andrerseits erwähnt, die um 155 über die Osterfrage persönlich in Rom mit einander verhandelten, wobei ersterer sich auf den Apostel Johannes berufen haben soll. (Die citierte Stelle findet sich in den Fragmenten des Irenaeus, in der Ausgabe von Harvey im 2. Band, S. 473ff.) — Auf dem Konzil zu Nicäa (325) wurde festgesetzt, „dass alle überall es an Einem Tage feiern sollten" (Eusebius, Leben Konstantins, III, 18, 1), und zwar „fanden es alle für gut, und ich selbst (Konstantin) versprach, dass es eurer (der Kirchen, an welche das Rundschreiben gerichtet ist) Einsicht gefallen werde, dass dasjenige, was in der Stadt der Römer, in ganz Italien, Aegypten, Spanien, Gallien, Britannien, Libyen, ganz Griechenland, in der Diöcese Asien und Pontus und in Cilicien einstimmig beobachtet wird, auch eure Einsicht bereitwillig annehmen werde; indem sie erwägt, dass nicht nur die Zahl der Kirchen in den genannten Gegenden überwiegt, sondern dass es auch bei weitem das Richtigste ist, dass alle gemeinsam das wollen, was auch die genaue Berechnung zu fordern scheint, und dass sie keine Gemeinschaft mit der Eidbrüchigkeit der Juden haben." (Ebendas. III, 19, 1. — „Die genaue Berechnung" steht im Gegensatz zur Berechnung des Ostertermins bei den Juden, die nach c. 18, 4 zuweilen in demselben [Sonnen-]Jahr zweimal Passah feiern; die „Eidbrüchigkeit" der Juden ist ihre Bundbrüchigkeit Gott gegenüber, welche in der Kreuzigung des Herrn besteht, die ebendort als κυριοκτονία τε καὶ πατροκτονία bezeichnet wird.) Dass die Frühlings-Tag- und Nacht-Gleiche, nach der sich der Ostersonntag richtet, auf den 21. März zu setzen sei, wie es in Alexandria geschah, und nicht auf den 18. März, scheint in Rom noch längere Zeit ausser Acht gesetzt worden zu sein. (Vgl. dazu Hefele, Konziliengeschichte I, 303-317, und unten S. 50.)

[2] Origenis opera omnia ed. Lommatzsch, Berlin 1846, 20. Band. — Origines, eine Zeit lang Lehrer an der Katechetenschule zu Alexandria, † 254

B. Heilige Zeiten.

Christus auferstanden", [1]) oder auch: „Er hat uns mit auferweckt und in Christus mit in das himmlische Wesen versetzt", [2]) der befindet sich immer in den Tagen der Pfingsten; und namentlich, wenn er auch, wie die Apostel Jesu, auf den Söller steigt und sich der Bitte und dem Gebet widmet,' um des gewaltigen vom Himmel wehenden Windes würdig zu werden, welcher die den Menschen innewohnende Schlechtigkeit und ihre Werke machtvoll ausfegt, [3]) würdig auch eines Anteils an der feurigen Zunge, die von Gott stammt. [4])

β) 43. Kanon des Konzils zu Elvira (306). [5])

Es hat uns gefallen, eine verkehrte Sitte nach der Autorität der Schrift(en) zu verbessern, [auf] dass wir alle den 50. Tag [6]) nach dem Passah feiern, nicht den vierzigsten. Wer dies nicht thut, soll einen Verweis erhalten [7]), wie wenn er eine neue Ketzerei eingeführt hätte.

c) Epiphanias.

α) Clemens von Alexandria, Stromata I, 21, 145 f. [8])

— — Es gibt aber Leute, die allzu vorwitzig [9]) für die Geburt 145. des Heilands nicht nur das Jahr, sondern auch den Tag bestimmen, nämlich den 25. Pachon [10]) des 28. Jahres des Augustus.

Die Basilidianer [11]) aber feiern auch den Tag seiner Taufe, in- 146. dem sie die Nacht vorher mit [Schrift-]Lesungen zubringen. Sie sagen aber, es sei das 15. Jahr des Kaisers Tiberius, der 15. Tag

---

zu Tyrus. Vgl. Eus. K. G. VI, 14, 10 bis VII, 1. — Zur Pfingstfrage vgl. auch Tertullian, Ueber das Gebet, c. 23. (S. o. S. 39.) Wie dort die Pfingstzeit (das spatium Pentecostes) vorkommt, so auch „Ueber die Taufe", c. 19 (s. o. S. 42): an letztgenannter Stelle ist aber auch schon von dem Pfingsttag (dies festus Pentecostes) die Rede. ‖ [1]) Col. 3, 1. ‖ [2]) Eph. 2, 6. ‖ [3]) βιαζομένης ἐξαφανίσαι τὴν ἐν ἀνθρώποις κακίαν καὶ τὰ ἀπ' αὐτῆς. ‖ [4]) Vgl. Apg. 2. ‖ [5]) Mansi, II, 295. ‖ [6]) diem pentecostes (Tag der „Pfingsten") = den 50. Tag. ‖ [7]) notetur. ‖ [8]) Ausgabe von Dindorf, B. II, S. 117f. στρώματα eigentlich = Teppiche, d. h. hier Bücher vermischten Inhalts, bunt wie Teppiche. ‖ [9]) περιεργότερον. ‖ [10]) Pachon, der 9. unter den 12 ägyptischen Monaten, deren erster dem September entspricht, also etwa unser Mai. Vgl. Anthologia Palatina IX, 383. Auf dieses Epigramm hat mich mein früherer Kollege, Hr. Prof. Dr. Stadtmüller in Heidelberg, freundlichst aufmerksam gemacht. ‖ [11]) Eine Gruppe der Gnostiker, nach Basilides von Alexandria (um 120—130) genannt. S. unten V, E. 1.

des Monats Tybi,¹) einige aber auch, es sei der 11. desselben Monats.

β) Cassianus, 10. Gespräch (Collatio), c. 2.²)

In der Landschaft Aegypten wird nach alter Ueberlieferung die Sitte beobachtet, dass nach Ablauf des Epiphanientages, den die Priester dieser Provinz für den Tag der Taufe des Herrn oder seiner Geburt nach dem Fleische erklären, weshalb sie die Feier beider Geheimnisse³) nicht getrennt, wie in den Provinzen des Abendlandes, sondern in dem Einen Feste dieses Tages zusammen begehen, Briefe des Bischofs⁴) von Alexandria an alle Gemeinden Aegyptens gesandt werden, welche den Anfang der Quadragesima⁵) und den Tag des Passah nicht nur allen Städten, sondern auch allen Klöstern angeben.

d) Märtyrertage.

Rundschreiben der Gemeinde zu Smyrna über das Martyrium des Polykarp, c. 18.⁶) (Auch bei Eus. K. G. IV, 15, 41 ff.)

Es stifteten nun einige den Niketas — — auf, in den Proconsul zu dringen, dass er seinen⁷) Leichnam nicht ausliefere, damit sie⁸) nicht — so sagten sie — von dem Gekreuzigten abfielen und diesen zu verehren anfingen. Dies sagten sie auf Anstiften und Drängen der Juden, welche auch aufpassten, als wir ihn aus dem Feuer nehmen wollten, und die nicht wissen, dass wir weder je von Christus werden abfallen können, der für das Heil der ganzen Welt derer, die gerettet werden, gelitten hat, noch einen anderen anbeten. Denn diesen beten wir als den Sohn Gottes an, die Märtyrer aber lieben wir als Zeugen, Schüler und Nachfolger des Herrn verdientermassen wegen ihrer unübertrefflichen⁹) Liebe zu ihrem (eigenen) Herrn und Meister. — — —

Als nun der Centurio¹⁰) die sich regende Eifersucht der Juden bemerkte, legte er ihn mitten auf den Scheiterhaufen und ver-

---

¹) Der 5. Monat des ägyptischen Jahres, also etwa Januar, wahrscheinlich aber schon gegen Ende December beginnend, sodass obiges Datum mit dem 6. Januar zusammenstimmen kann. ∥ ²) Ausgabe von Petschenig im Corpus script. eccl. lat., vol. XIII. Wien, 1886. Cassianus, Begründer des Klosterlebens in der Provence, † nach 430. ∥ ³) utriusque sacramenti. ∥ ⁴) pontificis. ∥ ⁵) Die 40 tägige Fastenzeit vor Ostern. ∥ ⁶) Patrum apost. opera (s. S. 1, Anm. 1). Das Todesjahr des Polykarp ist entweder 155/6 oder 166. ∥ ⁷) Polykarps. ∥ ⁸) Die Christen. ∥ ⁹) ἀνυπερβλήτου. ∥ ¹⁰) Hauptmann (der Wachmannschaft).

brannte ihn, wie es bei ihnen[1]) Sitte ist. Und so nahmen wir nachher seine Gebeine weg, die köstlicher sind als kostbare Steine und wertvoller als Gold, und verwahrten sie, wo es geziemend war. Der Herr wird uns vergönnen, uns dort, wie es uns möglich ist, mit Jubel und Freude zu versammeln und den Tag seines Martyriums als Geburtstag[2]) zu feiern, denen, die den Kampf bereits bestanden haben, zum Gedächtnis und denen, welchen er noch bevorsteht, zur Uebung und Vorbereitung. —

e) **Zusammenfassung der im 4. Jahrhundert vorhandenen Feste.**

Apostolische Konstitutionen VIII, 32.[3])

Ich Petrus und ich Paulus gebieten: Es sollen die Sklaven[4]) 5 Tage arbeiten, am Sabbat aber und am Tage des Herrn in der Kirche feiern um der Lehre der Frömmigkeit willen; vom Sabbat nämlich haben wir gesagt, dass er sich auf die Auferstehung beziehe. Die grosse Woche sollen die Sklaven ganz feiern und die darauf folgende; denn jene ist die des Leidens, diese die der Auferstehung, und es bedarf der Belehrung darüber, wer der ist, der gelitten hat und auferstanden ist, oder wer der, welcher [sein Leiden] zugelassen oder auch [ihn] auferweckt hat. An Himmelfahrt sollen sie feiern, weil sie das Ende der auf Christus bezüglichen [göttlichen] Veranstaltung ist. Zu Pfingsten sollen sie feiern wegen der Herabkunft[5]) des heiligen Geistes, die denen geschenkt wurde, die an Christus glaubten. Am Geburtsfest sollen sie feiern, weil an diesem den Menschen die unerwartete Gnade zu teil geworden ist, dass der Logos Gottes Jesus Christus von der Jungfrau Maria zum Heile der Welt geboren wurde. Am Fest der [Gottes-] Erscheinungen[6]) sollen sie feiern, weil an diesem [Tage] die Offenbarung der Gottheit Christi erfolgt ist, indem ihm der Vater bei der Taufe Zeugnis gab und der Paraklet[7]) in Ge-

---

[1]) Den Römern. ‖ [2]) eines höheren Lebens. Im Texte steht wörtlich: „den Geburtstag seines Martyriums." ‖ [3]) Ausgabe von de Lagarde. „Man nimmt an, dass das 8. Buch noch vor dem Konzil zu Nicäa (325) entstanden ist." Möller, K. G. I, 246. Doch führt die Unterscheidung des Festes der Geburt Christi vom Epiphanienfest wohl über das Jahr 354 hinaus, in welchem der 25. December zum ersten Mal im römischen Festverzeichnis erscheint. ‖ [4]) οἱ δοῦλοι. ‖ [5]) παρουσίαν. ‖ [6]) Gemeint ist das Epiphanienfest. Doch bevorzugt de Lagarde die Lesart θεοφανίων vor ἐπιφανίων oder ἐπιφανείων. ‖ [7]) Der Tröster, d. i. der heil. Geist; vgl. Joh. 16,7.

IV. Altchristlicher Kultus.

stalt einer Taube den Anwesenden den anzeigte, welcher das Zeugnis empfangen hatte. An den Tagen der Apostel sollen sie feiern; denn sie sind eure Lehrer [die euch] zu Christo [geführt haben,] gewesen und haben euch des heiligen Geistes gewürdigt.¹) Am Tage des Stephanus, des ersten Märtyrers, sollen sie feiern und [ebenso] an denen der übrigen heiligen Märtyrer, die Christum lieber gehabt haben als ihr eigenes Leben.

C. Heilige Räume.

1. Besondere gottesdienstliche Gebäude überhaupt.²)

Lampridius, Alexander Severus, c. 49.³)

Als die Christen einen Raum, der Staatseigentum gewesen war,⁴) in Besitz genommen hatten, die Garköche dagegen sagten, er gebühre ihnen, gab er⁵) den Bescheid, es sei besser, dass dort auf irgend eine Weise ein Gott verehrt, als dass er den Garköchen übergeben werde.

2. Basiliken.⁶)

a) Die Basilika zu Tyrus.

Eusebius, KG. X, 4, 2. 37 ff.

2. Festrede bei der Erbauung der Kirchen, dem Bischof Paulinus von Tyrus gewidmet.⁷)

37. — — — Zu diesem Zwecke⁸) nahm er⁹) also den Gesamt-

---

¹) Der heil. Geist ist nach katholischer Lehre von den Aposteln her in ununterbrochener Folge durch Handauflegung weiter verbreitet worden. An dieser Stelle verrät sich deutlich die spätere Entstehungszeit dieser angeblichen Anordnung des Petrus und Paulus. ‖ ²) Im N. T. (Röm. 16,23. 1. Kor. 16, 19. Philem. 1, 2) finden wir die Christen noch in Privathäusern zum Gottesdienst versammelt. Schon im 2. Jahrh. aber gibt es besondere kirchliche Gebäude. Vgl. o. S. 20, Anm. 2. S. auch unten das Edikt des Gallienus. (Abschnitt VI, B 3 c α.) Bezeichnungen: προσευχτήρια, ἐκκλησίαι. ‖ ³) Scriptores historiae augustae rec. Peter 1884, 1. Band. Aelius Lampridius schreibt um 300. ‖ ⁴) locum, qui publicus fuerat. ‖ ⁵) Alexander Severus, 222—235. ‖ ⁶) Der um 370 schreibende Bischof Optatus von Mileve zählt (de schismate Donatistarum II, 4) schon für eine weit hinter ihm liegende Zeit, die der beginnenden donatistischen Bewegung, in Rom „40 und mehr Basiliken" (quadraginta, et quod excurrit, basilicas). ‖ ⁷) Bei der Einweihung der neuen Kirche zu Tyrus (um 313) gehalten, offenbar von Eusebius selbst, der eine bescheidene Selbstbezeichnung anwendet: „einer der mässig Begabten." Der Grundriss der Kirche findet sich bei Zestermann, Die antiken und die christlichen Basiliken, Tafel VII, Fig. 2. Vgl. ebendas. S. 138—141. ‖ ⁸) ταύτῃ = für diese, sc. Herrlichkeit: damit „die letzte Herrlichkeit dieses Hauses grösser sei als die frühere." Hagg. 2,10. ‖ ⁹) Paulinus.

C. Heilige Räume.

raum viel grösser und baute die äussere Umfriedigung durch Ummauerung des Ganzen,¹) damit ein völlig geschützter Hof für das Ganze vorhanden sei. Dann breitete er eine grosse und hoch aufgerichtete Vorhalle²) gerade gegen die Strahlen der aufgehenden Sonne aus und gewährte damit schon den fern von der Umfriedigung ausserhalb des Heiligtums Stehenden einen reichen Anblick des Inneren,³) ja, lenkte fast auch die Augen der dem Glauben Fremden auf die ersten Eingänge, damit niemand vorüberginge, ohne zuerst ins Herz getroffen zu werden⁴) durch die Erinnerung der früheren Oede und des jetzigen unglaublichen Wunderwerkes, wodurch, wie er hoffte, der [ins Herz] Getroffene vielleicht auch angezogen werden und sich neben der Anschauung noch zum Eintritt entschliessen würde. Den durch die Thore Eingetretenen liess er aber nicht gleich mit unreinen und ungewaschenen Füssen das innere Heiligtum betreten; er machte vielmehr den Raum zwischen dem Tempel und den ersten Eingängen möglichst gross und schmückte ihn ringsum mit 4 schräg[überdacht]en⁵) Hallen. So umhegte er den Raum in Form eines Vierecks mit Säulen, die sich von allen Seiten erhoben, deren Zwischenräume⁶) er mit hölzernen gitterartigen Schranken von angemessener Höhe verschloss, während er den Mittelraum⁷) offen liess mit freiem Ausblick zum Himmel, hell und den Lichtstrahlen luftigen Durchlass gewährend.⁸) Hier stellte er Sinnbilder heiliger Reinigungen auf, indem er Brunnen dem Tempel gerade gegenüber herstellte, die mit reichlichem Wasserguss den in das Innere des heiligen Geheges Eintretenden die [nötige] Abwaschung ermöglichen. Auch dieser erste Aufenthaltsort der Eintretenden [schon] gewährt dem Ganzen Schmuck und Glanz und den der ersten Einführungen noch Bedürftigen⁹) den geeigneten Aufenthalt.

Aber auch den Anblick dieser Räume noch überbietend, schloss er an die noch viel grössere innerste Vorhalle die Zugänge

---

¹) τὸν μὲν ἔξωθεν ὠχυροῦτο περίβολον τῷ τοῦ παντὸς περιτειχίσματι. ‖ ²) πρόπυλον. ‖ ³) d. h. wohl: einen reichlichen Vorgeschmack von der Ansicht des innerhalb der Hofmauer befindlichen Kirchengebäudes selbst. ‖ ⁴) ὅτι μὴ τὴν ψυχὴν κατανυγεὶς πρότερον. ‖ ⁵) ἐγκαρσίοις. ‖ ⁶) Die Räume zwischen den einzelnen Säulen. ‖ ⁷) zwischen jenen Hallen und der eigentlichen Kirche. ‖ ⁸) ἀνειμένον ἀέρα παρέχον. ‖ ⁹) Den Katechumenen, die geistig erst ins Christentum einzuführen sind.

zum Tempel an.¹) Hier erbaute er nämlich gegen Osten wiederum 3 Pforten nach ein- und derselben Seite;²) der mittleren darunter gab er den Vorzug, die beiden Seitenpforten an Grösse und Breite bei weitem zu übertreffen, verlieh ihr durch eherne, mit Eisen befestigte Schilder und durch Schnitzwerke in erhabener Arbeit einen besonderen Glanz und gab ihr wie einer Königin [jene als]
42. ihre Trabanten bei. Ebenso bestimmte er auch für die Hallen zu beiden Seiten des ganzen Tempels die Zahl der Vorhallen,³) brachte oben über ihnen für weiteres reichlicheres Licht verschiedene Zugänge zum Hause an und umgab auch sie zum Schmucke mit feinen Holzarbeiten.⁴) Das königliche Haus⁵) aber erbaute er aus einer Fülle noch reicherer⁶) Stoffe, indem er für den Aufwand
43. grossartige Freigebigkeit walten liess. Hier scheint es mir überflüssig zu sein, die Länge und Breite des Hauses, diese glänzende Schönheit und die des Ausdrucks spottende Grösse⁷) zu beschreiben, indem ich den strahlenden Anblick der Arbeiten mit Worten darlegte, die himmelanstrebende Höhe und die darüber lagernden kostbaren Cedern des Libanon, deren auch das göttliche Wort zu gedenken nicht versäumt hat, wenn es spricht: „es werden sich freuen die Bäume des Herrn und die Cedern des Libanon, die er gepflanzt hat.⁸) — — —
44. Nachdem er so auch den Tempel⁹) vollendet, ihn zu oberst mit Thronsesseln¹⁰) zu Ehren der Vorsteher¹¹) und ausserdem mit einer Reihe von Sitzen¹²) für die Gesamtheit¹³), wie es sich geziemt, geschmückt und zu alledem den allerheiligsten Altar¹⁴) in die Mitte gestellt, schloss er wiederum auch dies,¹⁵) damit es der Menge un-

---

¹) πλείοσιν ἔτι μᾶλλον τοῖς ἐνδοτάτω προπυλοῖς τὰς ἐπὶ τὸν νεὼ παρόδους ἀναπεπταμένας ἐποίει. ‖ ²) ὑπὸ μὲν ταῖς ἡλίου βολαῖς αὐθις τρεῖς πύλας ὑφ' ἓν καταθεὶς πλευρόν. Diese Kirche ist also mit ihrem Eingang nach Osten gewendet. S. dagegen das folgende Lesestück. ‖ ³) Er baute also ebensoviele Schiffe wie Vorhallen. ‖ ⁴) ταῖς ἀπὸ ξύλου λεπτουργίαις καὶ τὸν περὶ αὐτὰς κόσμον καταποικίλλων. — Es ist von Fenstern oben in den Mauern des die Seitenschiffe überragenden Mittelschiffes die Rede, durch welche reichlicheres Licht einströmt als durch die Thüren. ‖ ⁵) τὸν δὲ βασίλειον οἶκον: die eigentliche Basilika, das Langhaus.‘ ‖ ⁶) als die Vorhallen. ‖ ⁷) Es stehen hier lauter Plurale: τὰ φαιδρὰ ταῦτα κάλλη καὶ τὰ τοῦ λόγου κρείττονα μεγέθη. ‖ ⁸) Frei nach Jes. 14, 8. ‖ ⁹) das Langhaus. ‖ ¹⁰) θρόνοις. ‖ ¹¹) τῶν προέδρων. ‖ ¹²) βάθοις ἐν τάξει. ‖ ¹³) des Klerus. Die πρόεδροι sind demnach die oberen Geistlichen, vor allem der Bischof. ‖ ¹⁴) τὸ τῶν ἁγίων ἅγιον θυσιαστήριον. ‖ ¹⁵) den eben beschriebenen Raum. Es handelt sich in unserm Falle noch um keine Apsis, sondern um den westlichen Teil des Mittelschiffs.

zugänglich sei, durch Holzgitter ab, die mit feiner Arbeit von höchster Meisterschaft verziert sind, sodass sie den Beschauern einen wundervollen Anblick gewähren. Aber auch den Fussboden 45. vernachlässigte er nicht; auch ihn zierte er trefflich vermittelst Marmorsteines mit jeglichem Schmuck; weiter wendete er sich nun auch der Aussenseite des Tempels zu, erbaute kunstvoll Nebenhallen und sehr grosse Räume zu beiden Seiten,[1]) welche seitlich mit dem königlichen Haus zu Einem Ganzen verbunden und durch die Eingänge in das Mittelhaus vereinigt sind.[2]) Diese Räume schuf unser friedliebendster Salomo,[3]) der den Tempel Gottes erbaut hat, für die, welche noch der Reinigung und der Besprengungen mit Wasser und heiligem Geiste bedürfen.[4]) — —

b) Gottesdienstliche Einrichtungen in der Basilika.

Apostolische Konstitutionen II, 57.

— — Wenn du[5]) die Gemeinde Gottes versammelst, so befiehl wie der Kapitän[6]) eines grossen Schiffes, dass die Versammlungen mit allem Verstand[7]) abgehalten werden, indem du den Diakonen gleich Matrosen[8]) gebietest, den Brüdern gleich Passagieren[9]) mit aller Sorgfalt und Würde die Plätze anzuweisen. Was nun zuerst das Haus betrifft, so sei es länglich, nach Osten gewendet[10]) und habe auf beiden Seiten die Kapellen nach Osten zu, sodass es einem Schiffe gleicht. In der Mitte aber stehe der Thron des Bischofs, zu seinen beiden Seiten habe das Presbyterium seine Sitze, und die Diakonen, geschmückt mit der volleren Tracht, denn sie gleichen den Matrosen und Aufsehern der Ruderknechte. Ihre Sorge ist es, dass die Laien[11]) sich mit aller Ordnung und Ruhe in dem übrigen Teil niederlassen, und die Frauen gesondert und gleichfalls unter Beobachtung des Schweigens. In der Mitte aber stehe der Vorleser auf einem erhöhten Platze und lese die

---

[1]) ἐξέδρας καὶ οἴκους τοὺς παρ' ἑκάτερα μεγίστους. Zwei synonyme Bezeichnungen. ‖ [2]) Die ἐξέδραι sind von den Seitenschiffen zu unterscheiden. Sie laufen ihnen parallel, sind durch Wände von ihnen geschieden, aber durch Thüren mit ihnen verbunden. ‖ [3]) Paulinus. Salomo bedeutet schon „Friedrich". ‖ [4]) Für die Katechumenen, welche schon nahe vor der Taufe stehen. Vgl. § 63 desselben Kapitels. ‖ [5]) Angeredet ist der Bischof. ‖ [6]) κυβερνήτης. ‖ [7]) μετ' ἐπιστήμης πάσης, d. h. offenbar: in bester Ordnung. ‖ [8]) ναύταις. ‖ [9]) ἐπιβάταις. ‖ [10]) Der Eingang liegt also auf der Westseite. Umgekehrt verhielt es sich bei der Basilika zu Tyrus (S. 54). ‖ [11]) οἱ λαϊκοί.

Bücher Moses und Josuas des Sohnes Nuns, die der Richter und der Könige, die der Chronik und der Rückkehr,¹) dazu die Bücher Hiob, Salomos und der 16 Propheten. Nach je 2 Lektionen²) singe ein anderer Psalmen Davids, und die Gemeinde singe die Versanfänge leise mit. Hierauf sollen unsere Thaten³) und die Briefe unseres Mitarbeiters Paulus vorgelesen werden, die er den Gemeinden nach Anleitung des heiligen Geistes⁴) sandte. Und hierauf lese ein Diakonus oder Presbyter die Evangelien vor, die ich, Matthäus, und Johannes, euch übergeben haben und welche die Mitarbeiter des Paulus, Lukas und Marcus, empfangen und auch hinterlassen haben.⁵) Und bei der Vorlesung des Evangeliums sollen alle Presbyter und Diakonen und das ganze Volk unter tiefem Schweigen stehen; denn es steht geschrieben: Schweige und höre, Israel; und ferner: du aber stehe hier und höre.⁶) Dann sollen die Presbyter das Volk ermahnen, einer von ihnen auf einmal und nicht alle [zusammen], und zuletzt von allen der Bischof, der dem Kapitän gleicht. Die Thürhüter⁷) sollen an den Männereingängen stehen und sie bewachen, die Diakonissen an den Fraueneingängen, nach Art der Schiffskrontroleure.⁸) — — Wenn aber jemand auf dem unrechten Platze sitzend betroffen wird, so werde er von dem Diakonen als dem Untersteuermann gescholten und an den ihm zukommenden Platz geführt. — — —

So sollen die jüngeren Männer an einem besonderen Platze sitzen, wenn Raum ist, wo aber nicht, aufrecht stehen; die im Alter schon Vorgerückten sollen an einem bestimmten Platz sitzen; die Kinder sollen ihre Väter und Mütter stehend zu sich nehmen;⁹) die jungen Mädchen¹⁰) sollen wiederum besonders sitzen, wenn Platz ist, wenn aber nicht, sich hinter die Frauen stellen; die

---

¹) Esra und Neh. ‖ ²) ἀνὰ δύο λεγομένων ἀναγνωσμάτων ἕτερός τις τοῦ Δαβὶδ ψαλλέτω ὕμνους. καὶ ὁ λαὸς τὰ ἀκροστίχια ὑποψαλλέτω. Ἀκροστίχια heisst nicht Vers-Enden: es handelt sich also schwerlich um Responsorien in unserm Sinn. (Gegen Möller, K. G., S. 284 oben: „wobei die Gemeinde respondiert.") ‖ ³) Es wird im Namen der Apostel geredet; die πράξεις αἱ ἡμέτεραι bedeuten also die Apg. ‖ ⁴) καθ' ὑφήγησιν τοῦ ἁγίου πνεύματος. ‖ ⁵) κατέλειψαν. Hier verrät sich die nachapostolische Entstehungszeit. ‖ ⁶) Die erste Stelle ist Deut. 27,9 (LXX). Die zweite habe ich nicht wörtlich genau gefunden; sie wird auf einer Verschmelzung von Deut. 5,31 (σὺ δὲ αὐτοῦ στῆθι) und 27 (πρόσελθε σὺ καὶ ἄκουσον) beruhen, die sich im Gedächtnis des Schreibenden vollzogen hat. ‖ ⁷) πυλωροί. ‖ ⁸) ναυστολόγων. ‖ ⁹) Die Kinder sind Objekt, die Eltern Subjekt. ‖ ¹⁰) αἱ δὲ νεώτεραι.

schon verheirateten Frauen¹) und die, welche Kinder haben, sollen einen besonderen Stand haben; die Jungfrauen, Witwen und Matronen²) sollen allen voran stehen oder sitzen. — — Desgleichen hat der Diakonus die Gemeinde zu beaufsichtigen, dass niemand flüstert oder einnickt oder lacht oder winkt. — — —

Hierauf sollen alle einmütig sich erheben, nach Osten schauen und nach dem Weggang der Katechumenen³) und Büssenden zu Gott beten, der einherfährt auf dem Himmel des Himmels im Osten,⁴) und sich dabei der alten Trift des im Osten gelegenen Paradieses erinnern, aus der der erste Mensch vertrieben wurde, weil er dem Rat der Schlange gehorcht und das Gebot verachtet hatte. Die Diakonen aber sollen nach dem Gebet sich teils mit dem Opfer der Eucharistie beschäftigen,⁵) indem sie mit Furcht dem Leibe Christi dienen, teils die Menge beaufsichtigen und die Ruhe unter ihr aufrecht erhalten. Der dem Priester beistehende Diakonus soll aber der Gemeinde sagen: Es ist doch keiner [feindlich gesinnt] wider den andern? [es tritt doch] keiner in Heuchelei [herzu]? Darauf sollen auch die Männer unter einander und die Frauen unter einander sich mit dem Kuss in dem Herrn⁶) begrüssen, aber niemand in Falschheit, wie Judas den Herrn mit einem Kuss verriet. Hierauf bete der Diakonus für die ganze Kirche und die ganze Welt, für die [einzelnen] Teile in ihr und die Früchte des Landes, für die Priester und Obrigkeiten, für den Oberpriester,⁷) den König und den allgemeinen Frieden. Und darauf wünsche der Oberpriester der Gemeinde Frieden und segne sie, wie auch Moses den Priestern geboten hat, das Volk mit folgenden Worten zu segnen: Der Herr segne

---

¹) Die ἤδη γεγαμηκυῖαι sind vielleicht die neuverheirateten, noch kinderlosen. Auffällig ist, dass die Frauen — abgesehen von den noch zu erwähnenden — nur einen Stehplatz haben. || ²) πρεσβύτιδες. Dieses Wort wie das vorausgehende (Witwen) hat in unserm Zusammenhang keinen amtlichen Sinn. (Siehe oben S. 24 f.) || ³) der im Taufunterricht Befindlichen. || ⁴) τῷ ἐπιβεβηκότι ἐπὶ τὸν οὐρανὸν τοῦ οὐρανοῦ (= den höchsten Himmel) κατὰ ἀνατολάς. Ps. 68, 34 (33. LXX.) Im hebräischen Text steht קֶדֶם שְׁמֵי, was bedeutet: Himmel der Urzeit (seit unvordenklichen Zeiten vorhanden, in der Urzeit geschaffen). || ⁵) τῇ προσφορᾷ τῆς εὐχαριστίας σχολαζέτωσαν. || ⁶) τῷ ἐν κυρίῳ φιλήματι. Vgl. φίλημα ἅγιον Röm. 16,16. 1. Kor. 16,20. 2. Kor. 13,12. 1. Thess. 5, 26 und φίλημα ἀγάπης 1. Petr. 5, 14. || ⁷) Hier der Bischof, wie sich aus dem folgenden Satz ergibt.

dich und behüte dich; der Herr erleuchte sein Angesicht über dir und sei dir gnädig; der Herr erhebe sein Angesicht auf dich und gebe dir Frieden.[1]) Es bete also auch der Bischof und spreche: Hilf, Herr, deinem Volk und segne dein Erbe,[2]) das du dir erworben und zu eigen gemacht hast durch das kostbare Blut deines Gesalbten und berufen hast zum königlichen Priestertum und heiligen Volk.[3]) Darauf geschehe das Opfer,[4]) während alles Volk steht und still betet; und wenn es dargebracht ist,[5]) geniesse jede Abtheilung für sich von dem Leibe des Herrn und dem kostbaren Blute mit Scheu und Frömmigkeit, als Leute, die zum Leibe des Königs herantreten; und die Frauen sollen verhüllten Hauptes, wie es sich der Abteilung der Frauen geziemt, herzutreten. Es sollen aber die Thüren bewacht werden, damit kein Ungläubiger oder Ungeweihter[6]) eintrete.

3. Grabstätten.

Die Katakomben.[7])

Hieronymus, Kommentar zu Ezechiel 40.[8])

Als ich als Knabe zu Rom war und in den freien Wissenschaften unterrichtet ward, pflegte ich mit meinen Altersgenossen und Kameraden[9]) an den Sonntagen die Gräber der Apostel und Märtyrer zu besuchen[10]) und oft die Grüfte[11]) zu betreten, die, in die Tiefen der Erde gegraben,[12]) zu beiden Seiten der Eintretenden in den Wänden die Leiber der Bestatteten enthalten; und alles ist so dunkel, dass sich fast jenes prophetische Wort erfüllt: sie sollen lebendig in die Unterwelt hinabsteigen.[13])

---

[1]) Num. 6, 24-26. ‖ [2]) Ps. 28, 9. ‖ [3]) Vgl. Apg. 20, 28. 1. Petr. 1, 19, 2, 9. ‖ [4]) Die Opferung Christi im Abendmahl. ‖ [5]) ὅταν ἀνενεχθῇ. ‖ [6]) ἀμύητος. Die Abendmahlsfeier steht also in einer Parallele zu den Mysterien. ‖ [7]) Κύμβη = Schlucht, Höhlung. Bei dem Coemeterium (Grab) San Sebastiano, das im 4. Jahrhundert entstanden ist, senkt sich die Strasse beträchtlich. Wie nun schon im 4. Jahrh. der in der Nähe befindliche Circus des Maxentius als circus in catecumbas bezeichnet wird, so wird auch jenes Grab als Grab „bei der Schlucht" (κατὰ κύμβας) bezeichnet und später der Name Katakomben auf die unterirdischen Gräber überhaupt übertragen worden sein. Vgl. V. Schultze, Die Katakomben, S. 39 f. ‖ [8]) Migne 25, S. 375. Vgl. oben S. 3, Anm. 2. ‖ [9]) cum caeteris eiusdem aetatis et propositi. ‖ [10]) circuire. ‖ [11]) cryptas. ‖ [12]) in terrarum profunda defossae. ‖ [13]) Ps. 55, 16. Hieronymus bezieht hier das Wort auf die Besucher der Katakomben.

V. Altchristlicher Glaube.

A. Heidnische Polemik gegen das Christentum.

Aus Celsus, „Wahres Wort".[1])

1. Angriffe auf das Christentum.

a) Allgemeine Beurteilung.

Ihre ethische Grundlehre ist [ihnen] gemeinsam mit den andern Philosophen; es ist keine ehrwürdige und neue Wissenschaft.[2]) — —   *Orig. 1,4.*

Einige von diesen wollen weder Rechenschaft geben noch nehmen über das, was sie glauben; sie brauchen das Stichwort: „prüfe nicht, sondern glaube!" und: dein Glaube wird dich retten! Ein Schlimmes die Weisheit in der Welt, ein Gutes aber Thorheit![3])   *1,9.*

b) Unglaubwürdigkeit der evangelischen Geschichte.

Meinet ihr, dass die Dinge der andern Mythen seien und als solche gelten, während bei euch die Katastrophe des Dramas anständig oder wahrscheinlich erfunden sei, seine Stimme am Pfahl, als er ausatmete, und das Erdbeben und die Finsternis? Dass er ja lebend zwar sich selbst nicht half, tot aber auferstand und die Zeichen der Strafe zeigte und die Hände, wie sie durchbohrt waren?[4]) Wer hat das gesehen? Ein halbrasendes Weib, wie ihr saget, und vielleicht noch ein andrer von derselben Betrügerverbindung[5]), indem er vermöge einer gewissen Disposition träumte oder nach seinem eigenen Willen in verführter Meinung Phantasien hegte, was doch schon Tausenden begegnete, oder, was am   *2,55.*

---

[1]) Nach der Gegenschrift des Origenes wiederhergestellt und übersetzt von Keim, Zürich, Orell, Füssli und Comp. 1873. Celsus schreibt nach Keim i. J. 178. ‖ [2]) οὐ σεμνόν τι καὶ καινόν. ‖ [3]) Bei dem ersten Citat könnte Celsus wohl an Jac. 1, 6, allenfalls auch an „Lehre der 12 Apostel", c. 11 (s. o. S. 21) denken; bei dem zweiten an Röm. 1, 16; Mt. 9, 22 u. a. St.; bei dem dritten an 1. Kor. 1, 18 ff. ‖ [4]) Mt. 27, 39 ff. Joh. 20, 20. 27 ‖ [5]) Vgl. Die Wolfenbüttler Fragmente.

ehesten zu glauben, indem er durch diese Gaukelei die übrigen in Staunen setzen und durch eine solche Lüge andern Betrugsbettlern Eingang verschaffen wollte.

2, 63. Wäre Jesus wirklich auferstanden, so hätte er, wenn er doch eine wahrhaftige göttliche Kraft erscheinen lassen wollte, den Schmähern selbst und dem Verurteiler und überhaupt allen erscheinen müssen.

c) Unwürdige Adresse der frohen Botschaft.

3, 44. Solches wird von ihnen geboten: „kein Gebildeter komme heran, kein Weiser, kein Kluger, denn als Böses gilt dieses bei uns; sondern wenn einer unwissend, unverständig, ungebildet, wenn einer unmündig ist, er komme mutig heran."[1]) Denn indem sie auf solche Weise diese als ihres Gottes würdig bekennen, so ist klar, dass sie nur die Einfältigen und Niedrigen und Unverständigen und Sklaven und Weiblein und Kindlein überreden wollen und können. — —

3, 62. Den Sündern, sagen sie, ist Gott gesendet worden.[2]) Was aber? Den Sündlosen ist er nicht gesendet worden? Welches Böse ist's, nicht gesündigt zu haben? Den Ungerechten also zwar, wenn er sich selbst wegen Schlechtigkeit gedemütigt haben wird, nimmt Gott an; den Gerechten aber, wenn er mit Tugend von Anfang aufwärts zu ihm geblickt, diesen nimmt er nicht an!

d) Gegen die christliche Schätzung des Menschen.

4, 5. Gott selbst kommt herab zu den Menschen; hat also seinen eigenen Stuhl im Stich gelassen und bringt auch in diese Welt eine Revolution; denn wenn du irgend ein einziges der hiesigen Dinge, auch das kleinste, verändern würdest, so wird alles dir davon umgestürzt und zu Grunde gehen. — —

4, 74. Für die Menschen, sagen sie, hat Gott alles gemacht. Aber aus der Naturgeschichte und aus dem Scharfsinn, welchen die Tiere an den Tag legen, kann man zeigen, dass nicht in höherem Grade der Menschen als der unvernünftigen Tiere wegen alles geworden ist. — — —

4, 79. Zu dem, was ihr saget, dass Gott euch das Vermögen verliehen, die Tiere fangen und töten zu können, werden wir erwidern,

---

[1]) Vgl. Mt. 11, 25; 1. Kor. 1, 18 ff. || [2]) Mt. 9, 13.

dass wahrscheinlicherweise, ehe Städte und Künste und solche Gemeinschaften und Waffen und Netze existierten, Menschen zwar von Tieren geraubt und gefressen. Tiere aber von Menschen durchaus nicht gefangen wurden. Also hat in dieser Beziehung wenigstens Gott die Menschen vielmehr den Tieren unterworfen. Wenn deswegen die Menschen einen Vorzug zu haben scheinen vor den Unvernünftigen, weil sie Städte gegründet haben und Staatsverfassung, Obrigkeiten und Oberhäupter gebrauchen, so ist dieses nichts zur Sache Dienendes, denn auch die Ameisen und Bienen haben das. — — — Was möchte einer göttlicher nennen als das Vorauserkennen und Vorausoffenbaren der Zukunft? Dieses also lernen Menschen von den andern Tieren und am meisten von Vögeln. — — —

e) Gegen die Auferstehungslehre.

Einfältig aber ist es von ihnen auch zu glauben, wenn Gott einmal wie ein Koch das Feuer herbeigebracht, werde das ganze übrige Geschlecht gebraten werden; sie selber aber allein werden bleiben, nicht nur die Lebenden, sondern auch die längst einmal Gestorbenen, nachdem sie mit jenem ihrem leibhaftigen Fleisch von der Erde wieder aufgetaucht, durchaus die Hoffnung von Würmern! Denn welche Menschenseele möchte noch nach einem verfaulten Leib sich sehnen? Ist doch dieses euer Dogma einigen unter den Christen nicht einmal genehm, und sie enthüllen das sehr Schmutzige, Verabscheuungswerte zugleich und Unmögliche desselben.[1]) — — Da sie[2]) nichts zu antworten haben, so nehmen sie zum unsinnigsten Rückzug ihre Zuflucht: dass alles Gott möglich sei.[3]) Aber mit nichten doch das Schändliche kann Gott, noch will er das Widernatürliche; noch auch, wenn du nach deiner eigenen Schlechtigkeit etwas Unflätiges begehrst, wird Gott dieses können und ziemt es sich, sogleich zu glauben, dass es sein wird. Denn nicht des fehlbaren Begehrens nach der verirrten Unanständigkeit, sondern der geordneten und gerechten Natur Führer ist Gott. Und ewiges Leben [einer Seele möchte er darreichen können, Leichname aber, sagt Heraklit, sind verwerflicher als Misthaufen.

---

[1]) Die Gnostiker, gegen welche sonst auch die Polemik des Celsus häufig gerichtet ist. ‖ [2]) Die Christen. ‖ [3]) Mt. 19, 26.

Fleisch also, voll von Dingen, von denen auch nicht zu reden schön, zu einem ewigen [Leben] bestimmen wider Vernunft wird Gott weder wollen noch können. Denn er ist die Vernunft alles Seienden; nichts also vermag er wider Vernunft, noch wider sich selbst zu thun.

f) Gegen den Weissagungsbeweis.[1)]

7, 14. Weder ob sie es voraussagten, noch auch, ob sie es nicht voraussagten, muss man zusehen, sondern ob das Werk Gottes würdig ist und schön. Dem Hässlichen und Bösen aber muss man, auch wenn alle Menschen im heiligen Wahnsinn es vorauszusagen scheinen, nicht glauben.

g) Widersprüche zwischen christlichen Lehren und Parteien.

7, 18. Lügt Moses oder Jesus? oder hat der Vater, indem er diesen sandte, vergessen, was er Moses aufgetragen? Oder ist er, seine eigenen Gesetze verurteilend, zu anderer Ueberzeugung gekommen und sendet den Boten mit entgegengesetzter Ordre aus?

5, 65. So viele Unterschiede der Parteien es gibt, so sagen sie alle, in ihren Reden gespreizt ausschreitend, sie verstehen mehr als die Juden.

2. Vorzug des Judentums vor dem Christentum.

5, 25. Die Juden nun zwar, indem sie ein eigenes Volk geworden sind und in Landesweise Gesetze aufgestellt haben und diese unter sich jetzt noch pflegen und einen Gottesdienst halten, der, wie auch immer beschaffen, wenigstens vaterländisch ist, sie handeln ähnlich wie die andern Menschen. — — — Es scheint aber so auch nützlich zu sein — — — auch deswegen, weil wahrscheinlicherweise die Teile der Erde von Anfang an die einen diesen, die andern andern Aufsehern zugeschieden — worden sind. — —

5, 34. Der Dichter Pindar dünkt mir recht zu haben, wenn er sagt, das Gesetz sei König über alle.

3. Verteidigung und Empfehlung des Heidentums.

7, 62 vgl. 66. Auch Heraklit spricht seine Ansicht so etwa aus: „Und zu diesen Bildsäulen beten sie, wie wenn jemand zu den Zimmer-

---

[1)] S. unten S. 64.

wänden schwatzte, weder Götter erkennend noch Heroen, welches Wesens sie sind." Was Weiseres wenigstens also gegenüber Heraklit lehren sie uns? — — — Auch welcher andere, es wäre denn ein gänzlich Unmündiger, hält dieses für Götter und nicht vielmehr für Weihgeschenke von Göttern und Abbilder? Geschieht es aber, weil man auch nicht göttliche Bildnisse annehmen darf (denn anders sei eines Gottes Gestalt, wie auch den Persern scheint), so haben sie vergessen, dass sie sich selbst überführen, wenn sie sagen, dass Gott den Menschen zu seinem eigenen Bild gemacht. — — —

Wer mehreren Göttern dient, thut ja, indem er ein Stück der 8, 2 vgl. 9. Thätigkeiten des grossen Gottes bedient, auch darin jenem etwas Angenehmes. — — —

Oder der Satrap zwar und Gouverneur oder Prätor oder Pro- 8, 35. curator des Königs der Perser oder Römer, — — sie vermöchten wohl ein Grosses zu schaden, wenn sie vernachlässigt werden; die Satrapen und Diakonen aber in den Lüften und auf der Erde möchten Kleines schaden, wenn sie übermütig behandelt werden?

B. Altchristliche Apologetik.

Justins des Märtyrers Apologien.[1]

1. Abwehr des Vorwurfs der Gottlosigkeit.[2]

(Apol. I, c. 6.)

Wir bekennen, bezüglich der vermeintlichen Götter dieser Art Gottlose[3] zu sein, aber nicht bezüglich des wahrsten und des Vaters der Gerechtigkeit, der Enthaltsamkeit und der anderen Tugenden, des Gottes, der keine Beimischung von Schlechtigkeit hat; sondern ihn und den Sohn, der von ihm gekommen ist und uns dies ge-

---

[1] S. o. S. 32, Anm. 5. Seine innere Entwicklung zum Christentum hin schildert Justin selbst in seinem Gespräch mit dem Juden Trypho, c. 2-8. — In c. 2. der 1. Apologie findet sich das bekannte Spiel mit den Namen des Kaisers Antoninus Pius (138—161) und seines Mitregenten M. Aurelius Philosophus: „Dass die, welche in Wahrheit Fromme und Philosophen sind, nur das Wahre ehren und lieben, gibt die Vernunft an die Hand." (Τοὺς κατ' ἀλήθειαν εὐσεβεῖς καὶ φιλοσόφους μόνον τἀληθὲς τιμᾶν καὶ στέργειν ὁ λόγος ὑπαγορεύει.) ‖ [2] S. u. Abschn. VI A 2. ‖ [3] ἄθεοι.

lehrt hat, und das Heer der andern ihm anhangenden und gleichgearteten guten Engel und den prophetischen Geist verehren wir und beten wir an, indem wir sie in Vernunft und Wahrheit ehren und jedem, der lernen will, wie wir gelehrt worden sind, neidlos mitteilen.[1])

2. Nutzen des Christentums für den Staat.

(c. 12.)

Helfer aber und Bundesgenossen zum Frieden sind wir euch mehr als alle Menschen, die wir glauben, dass ein Uebelthäter oder ein Habsüchtiger oder ein Hinterlistiger oder ein Tugendhafter unmöglich vor Gott verborgen bleibe, und dass ein jeder zu ewiger Strafe oder Seligkeit, je nach dem Wert seiner Handlungen, hinübergehe. — — —

3. Weissagungsbeweis.

(c. 52.)

Da wir also beweisen, dass das schon Geschehene alles, bevor es geschah, durch die Propheten vorausverkündigt worden ist, so ist es notwendig, auch in betreff dessen, was gleichermassen geweissagt ist, aber erst geschehen soll, den Glauben zu haben, dass es gewiss geschehen wird. — — Denn eine zweifache Ankunft desselben[2]) haben die Propheten vorausverkündigt.[3]) — —

(c. 53.)

Denn mit welchem Grunde würden wir einem gekreuzigten Menschen glauben, dass er der Erstgeborene des ungezeugten Gottes ist, und dass er das Gericht über das ganze menschliche Geschlecht halten wird, wenn wir nicht Zeugnisse fänden, die über ihn verkündigt worden sind, bevor er als Menschgewordener kam, und sähen, dass es so geschehen ist,[4]) indem wir die Verödung des Landes der Juden und die, welche aus jedem Volk der Menschen durch die von seinen Aposteln überlieferte Lehre überzeugt worden sind und sich den alten Sitten, in welchen sie als Irrende wandelten, abgewendet haben, nämlich uns selbst, erblicken, indem wir

---

[1]) nämlich von unserer Lehre. ‖ [2]) Christi. ‖ [3]) Vgl. c. 12: Das aber ist Gottes Werk, etwas anzumelden, bevor es geschieht, und dass es sich dann als so geschehen erweist, wie es vorausgesagt worden ist. ‖ [4]) wie es vorausverkündigt war.

wissen, dass die Christen aus den Heiden zahlreicher und echter sind als die aus den Juden und Samaritern?[1] — —

4. Verhältnis des Christentums zum Heidentum.

a) Uebereinstimmende Anschauungen.

(c. 20.)

Wenn wir sagen, von Gott sei alles geordnet und geschaffen,[2] so werden wir einen Lehrsatz[3] Platos auszusprechen scheinen; sagen wir, es werde eine [Welt-]Verbrennung eintreten, [einen Satz] der Stoiker; sagen wir, dass — indem sie auch nach dem Tode im Besitz der Empfindung bleiben — die Seelen der Ungerechten bestraft werden, die der Rechtschaffenen aber von den Qualen frei (gesprochen) glücklich leben, so werden wir dasselbe wie Dichter und Philosophen zu sagen scheinen; lehren wir endlich auch, dass die Menschen nicht Werke ihrer Hände anbeten sollen, so sagen wir dasselbe wie der Komiker Menander und die, welche dies [sonst noch] gesagt haben; denn sie haben erklärt, dass der Meister grösser ist als sein Werk.[4]

b) Erklärung dieser Uebereinstimmung.

α) Erklärung der gemeinsamen Wahrheitselemente.

(c. 44.)

(Denn) Aelter ist Moses auch als alle Schriftsteller unter den Griechen. Und alles, was über die Unsterblichkeit der Seele oder die Strafen nach dem Tode oder die Wissenschaft der himmlischen Dinge oder die Lehren dieser Art auch Philosophen und Dichter gesagt haben, das konnten sie erkennen und haben sie auseinandergesetzt, weil sie von den Propheten die Anregungen empfangen

---

[1] Justin denkt, wie sich aus dem folgenden ergibt, an Jes. 54, 1. Er sieht die Verödung darin, dass Juda (und Samaria) so wenig Christen aufzuweisen hat, obgleich es doch den wahren Gott gleichsam zum Gemahl hatte. ∥ [2] γεγενῆσθαι. ∥ [3] δόγμα. ∥ [4] Die Anlage der menschlichen Seele für das Christentum hebt auch Tertullian in seinem Apologeticum, c. 17, hervor: „Guter und grosser Gott" und „Gott gebe es" ist eine allgemeine Rede. Auch dass er Richter sei, bezeugt das Wort: „Gott sieht es", „ich befehle es Gott" und „Gott wird mir's vergelten". O welch' ein Zeugnis der Seele, die von Natur Christin ist! (O testimonium animae naturaliter Christianae!)

hatten. Daher scheinen bei allen Samenkörner der Wahrheit[1]) vorhanden zu sein; aber es zeigt sich, dass sie diese nicht genau erkannt haben, da sie sich selbst widersprechen. — — —

(c. 46.)

Dass Christus der Erstgeborene Gottes sei, indem er der Logos ist, an dem das ganze Menschengeschlecht Anteil empfangen hat,[2]) sind wir gelehrt worden und haben es schon ausgesprochen. Und die, welche mit dem Logos gelebt haben, sind Christen, auch wenn sie für Gottlose angesehen wurden, wie unter den Griechen Sokrates und Heraklit und die ihnen Verwandten,[3]) unter den Barbaren aber Abraham, Ananias, Asaria, Michael, Elias und viele andere. — — —

(Apol. II, c. 10.)

Herrlicher also als jede menschliche Lehre erscheint unsere Religion,[4]) weil das ganze Logoswesen zu dem um unsertwillen erschienenen Christus geworden ist, sowohl nach dem Leib, als der Vernunft, als auch der Seele nach. Denn was nur die Philosophierenden oder Gesetzgebenden schön gesprochen und gefunden haben, ist kraft ihres Anteils am Logos durch Entdeckung und Betrachtung mühsam von ihnen gewonnen worden.

Der, welcher von ihnen allen in dieser Hinsicht der stärkste war, Sokrates, wurde derselben [Verbrechen] wie wir angeklagt; denn sie sagten, er führe neue Gottheiten ein und glaube nicht an die Götter, die der Staat anerkenne. — — —

Von Sokrates (nämlich) wurde niemand [so] überzeugt, [um] für diese Lehre zu sterben; von Christus aber, der auch von Sokrates teilweise erkannt worden war (denn er war und ist der Logos, der jedem innewohnt und, was geschehen soll, vorausgesagt hat durch die Propheten und durch sich selbst, der uns gleichartig geworden ist und dies gelehrt hat), sind nicht nur Philosophen

---

[1]) σπέρματα ἀληθείας. ‖ [2]) λόγον ὄντα, οὗ πᾶν γένος ἀνθρώπων μετέσχε. Apol. II, 8 ist von einem „jedem Geschlecht der Menschen eingepflanzten Samen des Logos" (σπέρμα τοῦ λόγου) oder auch von einem Teil des „samenartig ausgestreuten Logos" (σπερματικοῦ λόγου μέρος) die Rede. Zur Lehre vom Logos vgl. Joh. 1, 1-18. ‖ [3]) Οἱ μετὰ λόγου βιώσαντες Χριστιανοί εἰσι, κἂν ἄθεοι ἐνομίσθησαν, οἷον ἐν Ἕλλησι μὲν Σωκράτης καὶ Ἡράκλιτος καὶ οἱ ὅμοιοι αὐτοῖς ... ‖ [4]) τὰ ἡμέτερα.

und Gelehrte, sondern auch Handwerker und gänzlich Ungebildete überzeugt worden, die Ehre, Furcht und Tod verachtet haben; denn das ist eine Machtwirkung des unaussprechlichen Vaters und nicht Erfolg menschlicher Rede.

β) **Erklärung der irreführenden heidnischen Analogien.**
(Apol. I, 54 und 62.)

Die aber, welche die von den Dichtern erfundenen Mythen überliefern, geben den lernbegierigen Jünglingen keinen Beweis; und wir thun dar, dass sie zur Täuschung und Verführung des menschlichen Geschlechtes verkündet worden sind zufolge der Wirksamkeit der bösen Dämonen. Als diese nämlich hörten, dass durch die Propheten verkündigt werde, Christus werde kommen, und die Gottlosen unter den Menschen würden durch Feuer bestraft werden, so schützten sie vor, es sei von vielen Söhnen berichtet, die dem Zeus geboren worden seien, indem sie glaubten, [dadurch] bewirken zu können, dass die Menschen das über Christus [Ueberlieferte] für ein Wundermärchen hielten und für gleichartig dem von den Dichtern Gesagten. — — c. 54.

— — Dass sie aber die Aussprüche der Propheten, auch wenn sie sie hörten, nicht genau verstanden, sondern als Irrende das unsern Christus Betreffende nachahmten, werden wir beweisen. Der Prophet Moses also war, wie schon gesagt, älter als alle Schriftsteller, und durch ihn wurde, wie oben[1]) bemerkt, folgendes geweissagt:[2]) „Nicht wird fehlen ein Herrscher aus Juda und ein Anführer aus seinen Lenden, bis der kommt, dem es vorbehalten ist;[3]) und er wird die Erwartung der Völker sein, sein Füllen an einen Weinstock binden, sein Gewand im Blute der Traube waschen." Da nun die Dämonen diese prophetischen Worte vernahmen, sagten sie, Dionysos sei der Sohn des Zeus gewesen, überlieferten, er habe den Weinstock erfunden, bilden bei seinen Mysterien einen Esel ab[4]) und lehrten, er sei zerrissen worden und dann in den Himmel aufgefahren. — —

Und da nun die Dämonen hörten, dass dieses Bad[5]) vom c. 62. Propheten[6]) verkündigt sei, bewirkten sie, dass auch die sich be-

---

[1]) c. 44. ‖ [2]) Gen. 49,10 f. ‖ [3]) ᾧ ἀπόκειται. Was? Wohl: der letzte Fürst aus Juda zu sein, weil er der Gründer des Himmelreichs ist und die erhabensten Weissagungen erfüllt. Die Sept., nach der Justin citirt, weicht vom Sinne des Urtextes ab. ‖ [4]) ἀναγράφουσι. ‖ [5]) Die Taufe. ‖ [6]) Jes. 1, 16.

sprengen, welche in ihre Tempel eintreten und ihnen nahen wollen, um ihnen Trank- und Fettopfer darzubringen; ja, sie bewirken auch, dass sie[1]) hingehen und sich ganz baden,[2]) bevor sie in die Heiligtümer eintreten, wo sie[3]) ihren Sitz haben. Denn auch dies, dass diejenigen, welche zu den Tempeln kommen und ihnen selbst ihren Dienst erweisen,[4]) von den Priestern den Befehl erhalten, ihre Schuhe auszuziehen, haben die Dämonen dem abgelernt und nachgemacht, was dem erwähnten Propheten Moses begegnet ist.[5])

C. Aus der ersten christlichen Glaubenslehre.

Origenes, Von den Grundlehren, griechische Bruchstücke.[6])

1. Buch.

No. 2. Wie sollte es nicht ungereimt sein, dass Gott, der [zunächst] etwas von dem, was ihm geziemt, nicht besass, zu dessen Besitz gekommen sei? Da aber keine Zeit möglich ist, in der er nicht allmächtig war,[7]) so muss dasjenige immer[8]) sein, um dessentwillen er allmächtig ist, und immer war es von ihm beherrscht und hatte ihn zum Herrscher.

No. 8. Gott der Vater,[9]) der alles zusammenhält, erstreckt seine Macht[10]) auf alles, was ist, indem er jedem aus seinem Eigenen das Sein mitteilt; denn er ist der Seiende.[11]) Geringer aber im Vergleich zum Vater ist der Sohn, der es nur mit den Vernunftwesen zu thun hat; denn er ist der zweite im Vergleich mit dem Vater.[12]) Noch geringer aber ist der heilige Geist, der sich bloss über die Heiligen erstreckt. — —

No. 9. Aus eigner Schuld derer, die nicht wachsam auf sich achten, gehen schneller oder langsamer Veränderungen mit ihnen vor,[13]) grössere oder geringere, indem auf Grund dieser Schuld das göttliche Gericht den besseren oder schlechteren Regungen eines jeden auch die entsprechende Lage[14]) zumisst. Der eine nämlich wird

---

[1]) Die Tempelbesucher. ‖ [2]) τέλεον δὲ καὶ λούεσθαι ἀπιόντας. ‖ [3]) Die Dämonen. ‖ [4]) τοῖς αὐτοῖς τοὺς θρησκεύοντας. ‖ [5]) Exod. 3, 5. ‖ [6]) Origenes, de principiis (περὶ ἀρχῶν), ed. Redepenning, Lipsiae, 1836. ‖ [7]) παντοκράτωρ. ‖ [8]) d. h. anfangslos. ‖ [9]) Wörtlich: der Gott und Vater. ‖ [10]) φθάνει εἰς ... ‖ [11]) Wohl eine Anspielung auf Exodus 3, 14. ‖ [12]) δεύτερος ... τοῦ πατρός. ‖ [13]) oder: erleiden sie einen Fall (γίνονται ... μεταπτώσεις). Gemeint sind die Vernunftwesen (τὰ λογικά). ‖ [14]) τὸ κατ' ἀξίαν.

C. Aus der ersten christlichen Glaubenslehre.

in der entstehenden Welt¹) die Stellung eines Engels oder eine Herrschermacht oder Gewalt über etliche ... innehaben;²) die aber, welche nicht völlig abgefallen sind, werden die bei den Genannten zu findende Hilfleistung geniessen.³) — —

2. Buch.

Da nun so eine äusserst bunte Welt vorhanden ist und soviele verschiedene Vernunftwesen umfasst, was sonst soll man als die Ursache ihres Bestandes nennen als die Mannigfaltigkeit des Abfalls der nicht in gleicher Weise von der [Ur-]Einheit sich loslösenden Wesen? — — No. 1.

Wenn aber das, was Christo unterworfen ist, am Ende sich auch Gott unterwerfen wird, dann werden alle ihre Körper ablegen; und ich glaube, dass dann eine Auflösung der Natur der Körper in das Nichtseiende⁴) stattfinden wird, während sie zum zweiten Mal ins Dasein treten wird, wenn wiederum Vernunftwesen abfallen.⁵) No. 2.

3. Buch.

Möglich ist jedoch, dass einer, der infolge früherer⁶) guter No. 1. Handlungen jetzt ein Gefäss der Ehre⁷) geworden ist, [nun] aber nicht Gleichartiges und dem Gefäss der Ehre Angemessenes thut, für eine andere Welt zu einem Gefäss der Schande wird; wie umgekehrt einer, der wegen des vor diesem Leben Geschehenen hier ein Gefäss der Schande geworden ist, wenn er es wieder gut gemacht hat, in der neuen Schöpfung ein Gefäss der Ehre werden kann, für den Herrn geheiligt und brauchbar, zu jedem guten Werke geschickt.⁸) — — —

Weder geschieht das, was bei uns steht, ohne Gottes Wissen, noch zwingt uns Gottes Wissen zu Fortschritten, wenn nicht auch wir zum Guten etwas beitragen.⁹)

---

¹) ἐν τῇ ἐσομένῃ διακοσμήσει, d. h. in der eben auf Anlass jenes Abfalls entstehenden Welt, nicht erst in einer für uns künftigen. ‖ ²) Vgl. Röm. 8, 38. ³) Die schwierige Stelle lautet: οἱ δὲ οὐ πάνυτι ἐκπεσόντες τὴν ἐπὶ τοῖς εἰρημένοις οἰκονομίαν τε καὶ βοήθειαν ἕξουσι. Redepenning sieht in οἱ οὐ πάνυτι ἐκπεσόντες eine Umschreibung der Menschen. ‖ ⁴) εἰς τὸ μὴ ὄν. ‖ ⁵) Sie: die Natur der Körper, die materielle Natur. Dereinst allerdings, bei der endgiltigen Wiederherstellung des reinen Urzustandes (τῆς ἐπανορθώσεως τελέως γινομένης), wird auch jene Auflösung eine endgiltige sein. Vgl. Fragm., 4. Buch, No. 7. (Redepenning, S. 81.) ‖ ⁶) vor diesem Leben liegender. ‖ ⁷) Vgl. Röm. 9, 21. ‖ ⁸) Bei Redepenning S. 40. ‖ ⁹) συνεισάγωμεν. Ebendas. S. 41 f.

4. Buch.

No. 1. Ein Zeugnis (nämlich) der auf seine[1] Lippen ausgegossenen Anmut liegt darin, dass, obgleich die Zeit seiner Lehrwirksamkeit nur kurz dauerte, — er lehrte nämlich etwa ein Jahr und wenige Monate — doch der Erdkreis seiner Lehre und der durch ihn gestifteten Gottesverehrung voll ward.[2] — — —

No. 2. Aber wenn einer auch bis zu seinem Leiden seine Untersuchung ausdehnen mag, so wird er etwas Tollkühnes zu unternehmen scheinen, wenn er die Frage des Leidens auch in Betreff der himmlischen Orte untersucht. Allein wenn es Geister der Bosheit in den Himmeln gibt, so werden wir, wie wir uns nicht scheuen zu bekennen, dass er hienieden gekreuzigt wird zur Wegräumung dessen, was er durch sein Leiden weggeräumt hat, ebenso ohne Furcht zugeben, dass auch dort Entsprechendes geschieht, auch hinfort bis zur Vollendung der ganzen Welt.[3]

No. 1. Bei Salomo in den Sprüchen[4] finden wir folgende Weisung in Betreff der geschriebenen göttlichen Lehren: Und du schreibe sie dreifach ab in Willen und Einsicht, um Worte der Wahrheit denen zu antworten, die sich dir entgegenstellen. — —

Denn wie der Mensch aus Leib, Seele und Geist besteht, in gleicher Weise auch die Schrift, welche von Gott dazu bestimmt worden ist, zum Heile der Menschen gegeben zu werden.[5] — —

Um nun mit der ersten und insofern nützlichen Auffassungsweise zu beginnen:[6] dass sie Nutzen bringen kann, bezeugen die Massen der echt und in einfacherer Weise Gläubigen. Ein Beispiel der gleichsam zur Seele sich emporschwingenden Auslegung findet sich bei Paulus im 1. Briefe an die Korinther.[7] „Denn es steht geschrieben", sagt er, „du sollst dem Ochsen, der da drischt, das Maul nicht verbinden." Darauf setzt er zur Erklärung dieses Gebotes hinzu: „Kümmert sich Gott um die Ochsen? oder redet er nicht durchweg um unsertwillen? Denn um unsertwillen ist es geschrieben, dass der, welcher pflügt, auf Hoffnung pflügen soll,

---

[1] Christi. ‖ [2] Redepenning, S. 49. ‖ [3] Ebendas. S. 79. ‖ [4] Spr. Sal. 22, 20 f. ‖ [5] Redep. S. 59. Origenes nimmt einen dreifachen Schriftsinn an. ‖ [6] So versuche ich die Worte wiederzugeben: Ἀπὸ μὲν οὖν τῆς πρώτης ἐκδοχῆς καὶ κατὰ τοῦτο ὠφελούσης· gemeint ist die buchstäbliche Auffassung (τὸ ψιλὸν γράμμα). Sie heisst auch die fleischliche oder leibliche. (Redep. S. 59 f.) ‖
[7] 1. Kor. 9, 9 f. vgl. Deut. 25, 4.

und der, welcher drischt, auf die Hoffnung hin [dreschen], Anteil [an dem Ausgedroschenen] zu bekommen." — — —

Die geistliche Auslegung aber ist für den, der zu zeigen vermag, welcher himmlischen Güter Bilde und Schatten die Juden nach dem Fleisch dienten, und welcher zukünftigen Güter Schattenbild das Gesetz in sich trägt.[1] — — —

Da wir aber, wenn der Inhalt des Gesetzes durchweg sogleich unzweifelhaft nützlich erschiene und der Inhalt der Geschichte angemessen und glatt, nicht glauben würden, noch einen anderen als den auf der Hand liegenden Sinn finden zu können, so hat der Logos Gottes dafür gesorgt, dass gleichsam etliche Aergernisse, Anstösse und Unmöglichkeiten mitten in das Gesetz und die Geschichte hineingebracht wurden, damit wir nicht, ganz von dem Wort hingenommen, das entschieden dazu verführt,[2] entweder in der Meinung, nichts Gottes Würdiges zu lernen, uns ganz von den Lehren abwendeten oder, nicht über den Buchstaben hinausgetrieben, nichts Göttlicheres lernten.[3] — — —

Welcher Verständige sollte doch annehmen, dass der 1., 2. und 3. [Schöpfungs-]Tag, Abend und Morgen, ohne Sonne, Mond und Sterne geworden sei, und der sogenannte erste[4] sogar ohne Himmel? Und wer wäre so thöricht zu glauben, dass Gott nach Art eines menschlichen Landmannes ein Paradies in Eden gegen Sonnenaufgang gepflanzt und darin einen sichtbaren und wahrnehmbaren Baum des Lebens geschaffen habe, sodass man das Leben empfangen könnte, indem man mit den leiblichen Zähnen seine Frucht genösse; und dass wiederum jemand am Guten und Bösen teil habe, weil er das von diesem[5] Baum Genommene verzehrt habe? Wenn ferner auch erzählt wird, dass Gott zur Abendzeit im Paradies spazieren gehe, und Adam sich unter dem Baum verstecke, so zweifelt, glaube ich, niemand daran, dass dies auf bildliche Weise vermittelst einer scheinbaren, aber nicht buchstäblich geschehenen Geschichte gewisse Geheimnisse andeutet.[6] — — —

---

[1] Redepenning S. 61 f. Als Beispiele der (über der somatischen oder leiblichen und psychischen oder seelischen stehenden) pneumatischen (oder geistlichen) Auslegungsweise führt Origenes im folgenden an: 1. Kor. 10,4; Hebr. 8,5; Gal. 4,21 ff. u. a. ‖ [2] ὑπὸ τῆς λέξεως ἑλκόμενοι τὸ ἀγωγὸν ἄκρατον ἐχούσης. „Dazu": d. h. zu dem folgenden. ‖ [3] Redepenning S. 65. ‖ [4] τὴν οἱονεὶ πρώτην. ‖ [5] dem Baum [der Erkenntnis] des Guten und Bösen. ‖ [6] Redepenning S. 67. S. 78 vergleicht Origenes den verborgenen Schriftsinn mit dem Schatz im Acker.

D. Massstäbe des altkirchlichen Glaubens.

1. Die apostolische Tradition.

Irenaeus, „Gegen die Irrlehren" III, 3.[1])

Die Tradition der Apostel also, die in der ganzen Welt bekannt gemacht ist, vermögen in jeder Gemeinde alle zu sehen, welche die Wahrheit sehen wollen, und wir sind in der Lage, die aufzuzählen, die von den Aposteln als Bischöfe in den Gemeinden eingesetzt sind, und ihre Reihe[2]) bis zu uns herauf — — —

Aber da es viel zu weit führen würde, in diesem Buche, wie es beschaffen ist, die [Bischofs-]Reihen aller Gemeinden aufzuzählen, so geben wir von der grössten, ältesten und allen bekannten, von den beiden ruhmreichsten Aposteln Petrus und Paulus zu Rom gegründeten und eingerichteten Gemeinde[3]) die Tradition, welche sie von den Aposteln hat, und den den Menschen verkündigten Glauben an, welcher durch die Reihen der Bischöfe bis zu uns gelangt, und widerlegen damit alle die, welche auf jede Weise um schlechter Selbstgefälligkeit oder eitlen Ruhmes willen, infolge von Blindheit oder böser Absicht, ungebührliche Lehren aufstellen.[4]) Denn mit dieser Gemeinde muss wegen ihrer grösseren Vorzüglichkeit[5]) die ganze Kirche übereinstimmen, d. h. alle Gläubigen allerorten, in der[6]) immer von allen, die allerorten sind, die von den Aposteln stammende Tradition bewahrt worden ist. — — —

Aber auch die Gemeinde zu Ephesus, die von Paulus gegründet ist, und bei denen[7]) Johannes bis zu den Zeiten Trajans blieb, ist eine treue Zeugin der Ueberlieferung der Apostel.

---

[1]) Ausg. von Harvey, 2. Band. S. o. S. 3, Anm. 6. ‖ [2]) successiones. ‖ [3]) maximae et antiquissimae et omnibus cognitae a gloriosissimis duobus apostolis Petro et Paulo fundatae et constitutae ecclesiae. ‖ [4]) Damit habe ich etwas frei die Worte „practerquam oportet colligunt" (παρ' ὃ δεῖ συνάγουσι) wiederzugeben versucht. ‖ [5]) propter potentiorem principalitatem. ‖ [6]) zu beziehen auf omnem ecclesiam, nicht auf hanc ecclesiam. ‖ [7]) den Gliedern der Gemeinde.

2. Die „Glaubensregel".[1])

a) (Pseudo-)Ignatius, An die Gemeinde zu Tralles (in Carien), c. 9.[2])

Seid also taub, wenn jemand zu euch redet ohne [das Bekenntnis zu] Jesus Christus, der aus dem Geschlechte Davids von Maria stammt, der wahrhaftig geboren ist, ass und trank, wahrhaft unter Pontius Pilatus verfolgt wurde, wahrhaft gekreuzigt wurde, und starb, während die Himmlischen, die Irdischen und Unterirdischen zuschauten; der auch wahrhaft von den Toten auferweckt wurde, indem ihn sein Vater erweckte; nach dessen Vorbild auch uns, die wir ihm glauben, sein Vater so in Christo Jesu auferwecken wird, ohne den wir das wahre Leben nicht haben.

b) Irenaeus, Gegen die Irrlehren, I, 2.

Die Kirche nämlich hat, obgleich sie über den ganzen Weltkreis bis zu den Enden der Erde zerstreut ist, von den Aposteln und ihren Schülern empfangen den Glauben an Einen Gott, den allmächtigen Vater, der den Himmel, die Erde, die Meere und alles, was darinnen ist, geschaffen hat; und an Einen Jesus Christus, den Sohn Gottes, der um unseres Heiles willen Fleisch geworden ist; und an Einen heiligen Geist, welcher durch die Propheten verkündigt hat die Veranstaltungen [Gottes], die Parusien,[3]) die Geburt durch die Jungfrau, das Leiden, die Auferweckung von den Toten, die leibliche Erhebung des geliebten Jesus Christus, unseres Herrn, in den Himmel, seine Wiederkunft aus dem Himmel in der Herrlichkeit des Vaters zur Vollendung aller Dinge[4]) und zur Auferweckung alles Fleisches der gesamten Menschheit, damit Christo

---

[1]) Eine die Tradition zusammenfassende Formel, die sich allmählich auf dem Grunde der Taufformel (Mt. 28, 19 ff.) entwickelt. S. unten S. 75. Die Bezeichnung regula fidei (= der kirchlich normierte Glaube, der wieder seinerseits die Norm für die Gläubigen ist) findet sich z. B. bei Tertullian, Ueber die Verschleierung der Jungfrauen, c. 1. S. unten S. 74. Bei demselben Kirchenlehrer, Gegen Marcion I, 21, heisst sie regula sacramenti (Norm des [Tauf-]Sakraments? Vgl. Koffmane, Gesch. des Kirchenlateins, S. 20. Oder: Norm des Fahneneides [für den Dienst Christi]? Vgl. Harnack, Dogmengesch. I¹, 265) und dei regula (Norm Gottes, göttliche Norm); bei Irenäus, Gegen die Irrlehren, III, 2 regula veritatis (κανών τῆς ἀληθείας, Norm der Wahrheit). ‖ [2]) S. oben S. 22, Anm. 2. ‖ [3]) τὰς ἐλεύσεις: die doppelte Ankunft Christi (Geburt und Wiederkunft). ‖ [4]) ἐπὶ τὸ ἀνακεφαλαιώσασθαι τὰ πάντα.

Jesu, unserm Herrn, Gott, Heiland und König, nach dem Wohlgefallen des unsichtbaren Vaters sich jedes Knie der Himmlischen, Irdischen und Unterirdischen beuge, jede Zunge ihn preise, und er ein gerechtes Gericht unter allen halte, die Geister der Schlechtigkeit, die Engel, welche gesündigt haben und abgefallen sind, und die gottlosen, ungerechten, die gesetzlosen und lästernden unter den Menschen in das ewige Feuer schicke, den gerechten und heiligen aber, die seine Gebote gehalten haben und in seiner Liebe verharrt sind, teils von Anfang an, teils seit ihrer Bekehrung, Leben schenke, Unvergänglichkeit[1]) gewähre und sie mit ewiger Herrlichkeit umgebe.

c) Tertullian, Ueber die Verschleierung der Jungfrauen, c. 1.

— — — Aber unser Herr Christus hat sich die Wahrheit, nicht die Gewohnheit, genannt.[2]) Wenn Christus immer ist und früher als alle Dinge, so ist in gleicher Weise die Wahrheit eine ewige und alte Sache. Es mögen also diejenigen [wohl] zusehen, denen neu ist, was an sich alt ist. Die Ketzereien schlägt nicht sowohl ihre Neuheit als die Wahrheit zu Boden. Alles was mit der Wahrheit in Widerspruch steht,[3]) das wird Ketzerei sein, auch Altgewohntes. Uebrigens beruht es auf eigener Schuld, wenn einer etwas nicht weiss.

Was man aber nicht weiss, hätte man ebensowohl erforschen, als was in Geltung steht,[4]) annehmen sollen. Die Glaubensregel[5]) ist ja überhaupt nur eine, allein unverrückbar und unverbesserlich, nämlich dass man glaube an einen allmächtigen Gott, den Schöpfer[6]) der Welt, und an seinen Sohn Jesus Christus, geboren von der Jungfrau Maria, gekreuzigt unter Pontius Pilatus, am dritten Tage auferweckt von den Toten, aufgenommen in den Himmel, wo er jetzt sitzt zur Rechten des Vater, von dannen er kommen wird zu richten die Lebendigen und die Toten vermittelst der Auferstehung auch des Fleisches.[7]) — —

---

[1]) ἀφθαρσίαν. ‖ [2]) Sed dominus noster Christus veritatem se, non consuetudinem, cognominavit. ‖ [3]) adversum veritatem sapit. ‖ [4]) agnoscitur. ‖ [5]) Regula fidei. ‖ [6]) conditorem. ‖ [7]) sedentem nunc ad dexteram patris, venturum iudicare nunc vivos et mortuos per carnis etiam resurrectionem.

D. Massstäbe des altkirchlichen Glaubens.

d. Symbolum apostolicum.[1]

a) Seine Grundlage, das etwa 150 entstandene alte römische Bekenntnis.[2]

b) Die späteren Zusätze und Veränderungen bis zum 5. Jahrhundert.

Ich glaube an Gott, den allmächtigen Vater,	— — an Gott den Vater, allmächtigen Schöpfer Himmels und der Erde,
Und an Jesum Christum, seinen eingeborenen Sohn, unsern Herrn, der erzeugt ist aus dem heiligen Geiste und der Jungfrau Maria, der unter Pontius Pilatus gekreuzigt und begraben,	— — der empfangen ist vom heiligen Geiste, geboren von der Jungfrau Maria, gelitten unter Pontius Pilatus, gekreuzigt, gestorben und begraben, niedergefahren zur Hölle,[4]
am dritten Tage (wieder) auferstanden von den Toten, aufgefahren gen Himmel,[3] sitzet zur Rechten des Vaters, von dannen er kommen wird,[4] zu richten die Lebendigen und die Toten;	
Und an den heiligen Geist, eine heilige Kirche,[5]	Gottes, des Vaters,
	Ich glaube
	allgemeine
	die Gemeinschaft der Heiligen,
Vergebung der Sünden, Auferstehung des Fleisches	und ein ewiges Leben.
	Amen.

---

[1]) „Die Annahme, dass die Apostel gemeinsam das Symbol" (= Erkennungszeichen; Glaubensbekenntnis) „verfasst haben (Rufin) kann nicht über die Mitte des 4. Jahrhunderts hinauf constatiert werden, mag aber viel älter sein." Harnack, Dogmengeschichte II¹, 87, Anm. 2. ‖ [2]) Griechischer Text bei Harnack, a. a. O. I¹, S. 107, Anm. 5. ‖ [3]) ἀναβάντα εἰς τοὺς οὐρανούς. ‖ [4]) ὅθεν ἔρχεται — inde venturus est. ‖ [5]) ἁγίαν ἐκκλησίαν. In der erweiterten Form (vgl. Hase, Libri symbolici, S. 1): sanctam ecclesiam catholicam, ohne den Zusatz „christliche". ‖ [6]) Descendit ad inferna; seit dem 4. Jahrhundert im Symbolum. (Harnack a. a. O. II¹, S. 66, Anm. 3.) Vgl. 1. Petr. 3, 19 ff. Eph. 4, 8 ff.

76   V. Altchristlicher Glaube.

3. Der werdende Kanon des Neuen Testamentes.[1]

a) Der Muratorische Kanon.[2]

— — welchen[3]) er jedoch beiwohnte und die er so anordnete.

---

[1]) Kanon (vgl. das S. 73 Anm. 1 über „regula fidei" Bemerkte) = die kirchlich normierte und deshalb auch ihrerseits massgebende Sammlung heiliger Schriften. Der Ausdruck κανὼν θείας γραφῆς kommt gegen Ende des 4. Jahrhunderts bei Chrysostomus vor (58. Homilie zur Genesis. Migne, Patr. graec. 54, S. 510); der Kanon darf nach ihm weder vermindert noch vermehrt werden (οὔτε πρόσθεσιν οὔτε ἀφαίρεσιν δέχεται; Holtzmann, Einleitung ins N.T.[1], S. 144.) — Mit „testamentum" übersetzt die Itala διαθήκη, wofür die Vulgata pactum oder foedus setzt. Vgl. Brandts Ausgabe der Divinae institutiones („Unterricht in der christlichen Religion") des Lactantius, S. 364, Anm. 1. (Corpus script. eccl. lat.) Die Anwendung des Namens Testament auf die beiden Teile der Bibel setzt schon Tertullian als gebräuchlich voraus. (Gegen Marcion IV, 1: alterius instrumenti (= Urkunde), vel quod magis usui est dicere, testamenti. De pudicitia, c. 1: ex utroque testamento.) Lactanz versteht das Wort Testament ganz im Sinne eines Vermächtnisses, das erst mit dem Tode des Erb-lassers bekannt und rechtskräftig wird. (A. a. O. IV, 20: §. 1. Profectus ergo in Galilaeam . . . discipulis iterum congregatis scripturae sanctae litteras, i. e. prophetarum arcana, patefecit quae, antequam pateretur, perspici nullo modo poterant, quia ipsum passionemque eius adnuntiabant. §. 2: Idcirco Moyses et idem ipsi prophetae legem quae Iudaeis data est testamentum vocant (διαθήκην. z. B. Exod. 19, 5 LXX), quia, nisi testator mortuus fuerit, nec confirmari testamentum potest nec sciri, quid in eo scriptum sit, quia clausum et obsignatum est. §. 4: ... Verum scriptura omnis in duo testamenta divisa est. §. 5: ... Iudaei vetere utuntur, nos novo: sed tamen diversa non sunt, quia novum veteris adinpletio est et in utroque idem testator est Christus, qui pro nobis morte suscepta nos heredes regni aeterni facit abdicato et exheredato populo Judaeorum. || [2]) A. Muratori fand als Bibliothekar des ambrosianischen Kollegiums zu Mailand (1694—1700) in einem dem 7. bis 9. Jahrh. angehörigen Sammelcodex das älteste uns bekannte Kanonverzeichnis der römischen Kirche, freilich nicht vollständig und korrekt erhalten. (Holtzmann, a. a. O., S. 124f.) Nach Holtzmann gehört es den letzten Jahrzehnten des 2. Jahrhunderts an, nach Hilgenfeld (Einl. in das N. T., S. 88f.) der Zeit zwischen 139—155. — Ausgabe von Tregelles, Oxford 1867. — Obige Uebersetzung folgt dem Wiederherstellungsversuch Hilgenfelds (a. a. O. S. 93f.) || [3]) Vielleicht: den (letzten) Schicksalen des Herrn; oder: den Reden des Petrus. Vgl. Papias bei Eusebius, K. G. III, 39, 15: Marcus, welcher der Dolmetscher des Petrus geworden war, schrieb, soweit er dessen sich erinnerte, alles, was von Christus gesprochen und gethan worden war, genau auf, doch nicht der Reihe nach. (Μάρκος μὲν ἑρμηνευτὴς Πέτρου γενόμενος, ὅσα ἐμνημόνευσεν, ἀκριβῶς ἔγραψεν, οὐ μέντοι τάξει, τὰ ὑπὸ τοῦ Χριστοῦ ἢ λεχθέντα ἢ πραχθέντα.)

Das 3. Evangelienbuch nach Lukas. — Lukas, jener Arzt, schrieb nach der Himmelfahrt Christi, als ihn Paulus als einen der Gerechtigkeit Beflissenen mit sich genommen hatte,¹) in seinem Namen nach [eigenem] Urteil,²) den Herrn jedoch hat er selbst nicht im Fleische gesehen. Und derselbe³) fing, wie er es erreichen konnte, so von der Geburt des Johannes⁴) an zu berichten.

Das vierte der Evangelien ist das des Johannes, eines der Jünger. Als ihn seine Mitapostel und Bischöfe⁵) aufforderten,⁶) sprach er: „Fastet mit mir [von] heute [an] 3 Tage lang, und was einem jeden offenbart wird, wollen wir einander erzählen." In derselben Nacht wurde dem Andreas, einem der Apostel, geoffenbart, dass unter ihrer gemeinsamen Kontrolle⁷) Johannes alles in seinem Namen aufzeichne. Und deshalb weicht, mögen auch von den einzelnen Evangelienbüchern verschiedene Anfänge gelehrt werden,⁸) doch nichts von dem Glauben der Gläubigen ab, da von dem Einen und leitenden⁹) Geist alles in allen offenbart worden ist betreffs der Geburt, des Leidens, der Auferstehung, des Verkehrs mit seinen Jüngern und seiner doppelten Ankunft, dass er das erste Mal in seiner Niedrigkeit verachtet gewesen ist, dass

---

¹) Juris habe ich mit Tregelles als verunglückte Uebersetzung von τοῦ δικαίου gefasst und statt secundum mit Routh „secum" gelesen. ǁ ²) nomine suo ex opinione. Suo könnte auch eine falsche Uebersetzung von αὐτοῦ sein und sich auf Paulus beziehen, sodass Lucas in ähnlichem Sinne als Evangelist des Paulus hingestellt würde wie Marcus als Evangelist des Petrus. ǁ ³) idem. ǁ ⁴) des Täufers. ǁ ⁵) Wahrscheinlich sind damit die condiscipuli zugleich als Mitbischöfe bezeichnet. ǁ ⁶) Zur Abfassung seines Evangeliums. ǁ ⁷) recognoscentibus cunctis. ǁ ⁸) D. h. mögen die Eingänge der Evangelien auch verschiedenartig sein. ǁ ⁹) principalis = ἡγεμονικός. — Auch Theophilus, Bischof von Antiochien (um 180), sagt im 3. Buche an Autolycus (Otto, Corpus apologetarum christ., 8. Band) c. 12: „Doch auch noch betreffs der Gerechtigkeit, welche das Gesetz vorschreibt, enthalten offenbar Uebereinstimmendes auch die Bücher der Propheten und der Evangelien, weil sie alle als Geistesträger kraft Eines Gottesgeistes geredet haben" (ἔτι μὴν καὶ περὶ δικαιοσύνης, ἧς ὁ νόμος εἴρηκεν, ἀκόλουθα εὑρίσκεται καὶ τὰ τῶν προφητῶν καὶ τῶν εὐαγγελίων ἔχειν, διὰ τὸ τοὺς πάντας πνευματοφόρους ἑνὶ πνεύματι θεοῦ λελαληκέναι) und rechnet c. 14 neutestamentliche Stellen (Mt. 6,3. Tit. 3,1) zum göttlichen Wort (. . . καλεύει ὑμᾶς ὁ θεῖος λόγος). Ebenso werden 2. Petr. 3, 15 f. die Briefe des Paulus, im Brief des Polykarp 12, 1 (s. Patrum apost. opera) der Epheserbrief (4, 26) unter die „Schriften" gerechnet und 2. Clem. II, 4 (ebendas.) Mt. 9, 13 als eine Schriftstelle (ἑτέρα δὲ γραφή) citiert.

er das zweite Mal durch königliche Macht verherrlicht sein wird.¹) Was Wunder also, wenn Johannes auch einzelnes in seinen Briefen mit solcher Entschiedenheit vorbringt, indem er von sich selbst sagt: Was wir mit unsern Augen gesehen und mit unsern Ohren gehört haben, und was unsere Hände betastet haben, das haben wir euch geschrieben.²) Denn so erklärt er sich der Reihe nach nicht nur als Augen- und Ohrenzeugen, sondern auch als Schriftsteller für alle Wunder des Herrn.

Die Geschichte aller Apostel aber ist in Einem Buch beschrieben. Lukas hat sie für den trefflichen Theophilos zusammengefasst, weil in seiner Gegenwart das einzelne geschah, wie er es auch dadurch deutlich kundgibt, dass er sowohl das Martyrium des Petrus als die Reise des Paulus von Rom nach Spanien weglässt.³)

Die Briefe des Paulus aber thun denen, die es verstehen wollen, selbst kund, von welchem Orte und aus welchem Grunde sie abgesandt sind. Zuerst von allen schreibt er ausführlicher an die Korinther, denen er sektirerische Spaltungen,⁴) sodann an die Galater, denen er die Beschneidung verbietet; an die Römer aber, indem er sie mit der Reihe der [heiligen] Schriften⁵) und mit der Thatsache, dass Christus ihr Mittelpunkt⁶) ist, vertraut macht. Ueber diese einzelnen [Briefe] muss noch von uns gesprochen werden, da der selige Apostel Paulus selbst, der Einrichtung seines Vorgängers Johannes folgend, nur an 7 Gemeinden mit Namensunterscheidung schreibt,⁷) [und zwar] in folgender Ordnung: an die

---

¹) Statt praeclarum und futurum ist wohl zu lesen praeclarus und futurus. Der Acc. wird sich aus einem der mangelhaften lateinischen Uebersetzung zu Grunde liegenden griechischen acc. c. inf. erklären (ἔνδοξον γενήσεσθαι). ∥ ²) 1. Joh. I,1. ∥ ³) d. h.: Dadurch, dass er weglässt, wofür er nicht als Augenzeuge eintreten kann, verleiht er dem von ihm Berichteten umso grössere Glaubwürdigkeit. Umgekehrt hat Lukas nach dem Anfang unseres Fragments in seinem Evangelium, das er nicht als Augenzeuge schrieb, weiter zurückgegriffen als Marcus und Matthäus, nämlich bis zur Geburt des Täufers. ∥ ⁴) schismae (!) haeresis. ∥ ⁵) Hilgenfeld trifft wohl a. a. O. S. 103 den Sinn dieses Ausdrucks mit den Worten: „den Kanon der heil. Schriften"; doch führt der erklärende Zusatz: „die Glaubensgerechtigkeit" gewiss vom rechten Wege wieder ab. ∥ ⁶) principium. ∥ ⁷) Was mit diesem Satze begründet werden soll, ist nicht ganz klar. — Johannes ist hier der Verfasser der Apokalypse mit ihren Sendschreiben. Ein Vorgänger des Paulus könnte aber Johannes nicht in Bezug auf die Zeit seiner schriftstellerischen Thätigkeit, sondern nur seiner Berufung zum Apostel heissen. — „Mit Namensunterscheidung": nominatim.

D. Massstäbe des altkirchlichen Glaubens.

Korinther [ist] der erste [Brief gerichtet], an die Epheser der zweite, an die Philipper der dritte, an die Kolosser der vierte, an die Galater der fünfte, an die Thessalonicher der sechste, an die Römer der siebente. Mag aber an die Korinther und Thessalonicher um der Zurechtweisung willen wiederholt geschrieben werden, so ist doch ersichtlich, dass [nur] Eine Kirche über den ganzen Erdkreis zerstreut ist.[1]) Auch Johannes nämlich redete, wenngleich er in der Apokalypse an 7 Gemeinden schreibt, doch zu allen. Aber der eine [Brief] an Philemon und die 2 an Timotheus aus Zuneigung und Liebe [geschriebenen] sind dennoch[2]) zu Ehren der katholischen Kirche behufs der Ordnung der kirchlichen Zucht geheiligt worden.[3]) Es wird auch ein Brief an die Laodicenser, ein anderer an die Alexandriner[4]) überliefert, die unter dem Namen des Paulus für die Sekte des Marcion erdichtet sind, und mehreres andere, was in die katholische Kirche nicht aufgenommen werden kann; denn es ziemt sich nicht, dass Galle mit dem Honig vermischt wird.[5]) Der Brief des Judas und die 2 [mit dem Namen des] Johannes überschriebenen werden immerhin[6]) unter die katholischen[7]) gerechnet wie die Weisheit, die von Freunden Salomos zu seiner Ehre geschrieben ist.[8])

Wir nehmen auch nur die Apokalypsen des Johannes und Petrus[9]) an, welche [letztere] einige von den Unsern in der kirchlichen Versammlung nicht gelesen wissen wollen. Den „Hirten" aber hat ganz neuerdings zu unseren Zeiten in der Stadt Rom Hermas verfasst, als auf dem Stuhl der Kirche der Stadt Rom der Bischof Pius, sein Bruder, sass.[10]) Und deshalb soll er zwar gelesen werden, aber in der kirchlichen Versammlung kann er sich der Gemeinde bis zum Ende der Tage weder unter den Propheten,

---

[1]) Alle jene Briefe sind von der ganzen Kirche zu beherzigen. ‖ [2]) Obgleich sie nur an einzelne Personen gerichtet sind. ‖ [3]) Ich lese in ordinationem ecclesiasticae disciplinae sanctificatae sunt. Disciplina umfasst Verfassung und Sitte; sanctificatae könnte man wiedergeben: „kanonisiert". ‖ [4]) Dieser Brief wird von manchen mit unserm Hebräerbrief indentifiziert. (Hilgenfeld, a. a. O, S. 104.) ‖ [5]) Fel enim cum melle misceri non congruit. ‖ [6]) sane. ‖ [7]) Ich folge der Lesart in catholicis. ‖ [8]) Hilgenfeld, S. 105: „wie im A. T. die von Freunden Salomos verfasste Weisheit geduldet wird." ‖ [9]) Bruchstücke der Apokalyse des Petrus (vgl. Eus. K. G. III, 3, 2) sind neuerdings in einem oberägyptischen Mönchsgrabe entdeckt worden. ‖ [10]) Seit 140.

deren Zahl abgeschlossen ist, noch unter den Aposteln[1]) bekannt machen.

Von Marcion[2]) aber oder Valentinus oder Miltiades[3]) nehmen wir überhaupt nichts auf, denn auch ein neues Psalmbuch haben die Anhänger Marcions verfasst. Zugleich mit Basilides den Stifter der asiatischen Kataphryger — —[4])

b) Der Kanon des N. T. nach Eusebius III, 25.

Es ist zweckmässig, nachdem wir an diese Stelle gelangt sind, die erwähnten Schriften des Neuen Testamentes[5]) nochmals zusammenzufassen. Da ist denn an erste Stelle die heilige Vierzahl der Evangelien zu setzen; diesen folgt die Schrift von den Thaten der Apostel. Nach ihr sind die Briefe des Paulus[6]) zu verzeichnen, hierauf hintereinander der sog. 1. Brief des Johannes und ebenso der des Petrus zu bestätigen.[7]) Hierzu ist, wenn es so gut scheinen sollte, die Offenbarung des Johannes zu stellen; die Ansichten über diese werden wir seinerzeit auseinandersetzen. Dies gehört zu dem allgemein Anerkannten.[8]) Zu dem, was Widerspruch findet,[9]) bei den meisten aber doch in Ansehen steht,[10]) rechnet man den sog. Jakobusbrief, den Judasbrief, den 2. Petrusbrief, den sog. 2. und 3. Johannesbrief, mögen sie nun vom Evangelisten oder auch einem anderen gleichen Namens stammen. Unter das Unechte[11]) ist zu stellen die Schrift von den Thaten des Paulus,[12]) der sogenannte Hirt,[13]) die Offenbarung

---

[1]) Er findet also weder im alttestamentlichen, noch im neutestamentlichen Kanon mehr eine Stelle. ‖ [2]) So liest Hilgenfeld statt Arsinoi. Wichtig für die Geschichte des Kanons ist Tertullians 5. Buch gegen Marcion; vgl. auch IV, c. 5. Die Anschauungen des Irenaeus über den Umfang des N. T. fasst Eus. zusammen: K. G. V, 8; die des alexandrinischen Clemens: VI, 14; die des Origenes: VI, 25, 3 ff.; seine eigenen namentlich III, 26. ‖ [3]) Im Text steht miliadis. Bei Eus., K. G. V, 16, 3 kommt ein Führer der Montanisten namens Miltiades vor: aber auch dort nimmt man eine Verwechselung an, sodass Heinichen dafür den Namen Alkibiades in den Text setzt. Hilgenfeld verbessert in unserer Stelle miliades kühn in Basilides. ‖ [4]) Vielleicht ist zu ergänzen: „verwerfen wir". Die Kataphryger sind die Montanisten. (S. unten V. K 3.) Statt assianum habe ich mit Routh gelesen Asianorum. ‖ [5]) τῆς καινῆς διαθήκης. ‖ [6]) „Von Paulus sind bekannt und unbezweifelt die 14 [Briefe]. Doch soll man billigerweise wissen, dass manche den Brief an die Hebräer verworfen haben, indem sie sagten, bei der römischen Kirche stosse er als unpaulinisch auf Widerspruch." Eus. III, 13, 5. ‖ [7]) κυρωτέον. ‖ [8]) ἐν ὁμολογουμένοις. ‖ [9]) τῶν δ' ἀντιλεγομένων. ‖ [10]) γνωρίμων. ‖ [11]) Ἐν τοῖς νόθοις. ‖ [12]) Acta Pauli. ‖ [13]) des Hermas.

des Petrus, ausserdem der sog. Brief des Barnabas und die sog. Lehren der Apostel;[1]) überdies, wie gesagt, die Offenbarung des Johannes, wenn es so richtig scheinen sollte, die, wie gesagt, einige verwerfen, andere aber zu dem Anerkannten rechnen.

E. Ketzer und Separatisten[2]) der alten Kirche.

1. Die Gnostiker.[3])

Irenaeus, „Gegen die Irrlehren," 1. Buch.[4])

a) Cerinth.[5])

Irenaeus, a. a. O., cap. 21.

Ein gewisser Cerinthus aber, der gleichfalls in der Gelehrsamkeit der Aegypter unterwiesen worden war, sagte, dass die Welt nicht vom ersten Gott geschaffen sei, sondern von einer Kraft, die von der Macht über das All getrennt und entfernt ist und den Gott über alles nicht kennt. Jesum aber liess er[6]) nicht von einer Jungfrau, sondern als Sohn des Joseph und der Maria geboren sein, ähnlich allen übrigen Menschen, und gerechter, klüger und weiser gewesen sein. Und nach der Taufe sei von der Macht über das All der Christus auf ihn herabgestiegen in Gestalt einer Taube; und dann habe er den unbekannten Vater verkündigt und Wunder gewirkt; zuletzt aber sei Christus von Jesu gewichen und Jesus habe gelitten und sei auferweckt worden, Christus aber leidensfrei geblieben, da er geistlicher Natur war.

---

[1]) τῶν ἀποστόλων αἱ λεγόμεναι διδαχαί. (S. o. S. 13.) ‖ [2]) Haeretiker und Schismatiker. Optatus von Mileve bezeichnet als Haeretiker diejenigen, welche das Symbolum gefälscht haben (qui falsaverunt symbolum: de schismate Donatistarum I, 10) und infolge dessen nicht die rechte Taufe haben (varia et falsa baptismata: I, 12); dagegen erkennt er an, dass die Schismatiker mit den Katholiken dieselben wahren Sakramente haben (ebendas.); aber sie reissen sich als Rebellen von der Mutterkirche los. (Se separant . . a radice matris ecclesiae, invidiae falcibus amputati, et errando rebelles abscedunt. (c. 11.) ‖ [3]) „Die Wissenden", welche auf die einfach Gläubigen als auf „Geistlose" (bloss „Beseelte") herabsehen (Ir. a. a. O. II, c. 39, S. 347: reliquos imperitos et idiotas et animales [Psychiker, nicht Pneumatiker] vocans, eo quod non suscipiant eius (des Gnostikers) tam vanum laborem.) — ‖ [4]) Ausg. von Harvey. ‖ [5]) In Ephesus gegen Ende des 1. Jahrhunderts. ‖ [6]) ὑπέθετο.

b) Saturninus.[1]
Ir., a. a. O., c. 18.

Saturninus ... lehrt Einen allen unbekannten Vater, der Engel, Erzengel, Kräfte und Gewalten[2] schuf. Von 7 Engeln aber sei die Welt geschaffen und alles, was darinnen ist, auch der Mensch sei ein Geschöpf der Engel, [geschaffen,] nachdem von der [höchsten] Macht[3] ein strahlendes Bild erschienen sei; da sie dies nicht festhalten konnten, weil es, wie er sagt, sogleich wieder nach oben[4] zurückgekehrt sei, so geboten sie sich selbst und sprachen: Lasset uns einen Menschen machen nach dem Bilde und nach der Aehnlichkeit. Als dieser geschaffen war, so sagt er [weiter], und das Gebilde sich nicht aufrichten konnte wegen der Schwachheit der Engel, sondern wie ein Wurm zappelte, erbarmte sich seiner die obere Macht, weil er nach ihrem Abbilde geschaffen war, und sandte einen Lebensfunken, welcher den Menschen aufrichtete und belebte.[5] Dieser Lebensfunke nun, so sagt er, kehre nach dem Tode zu dem Gleichartigen zurück, und das Uebrige löse sich wieder in das auf, woraus es entstand. Den Erlöser[6] aber liess er ungezeugt, körperlos und unsichtbar, zum Scheine[7] aber als Mensch erschienen sein. Und der Gott der Juden, so sagt er, sei einer der Engel und weil die gesamten [Welt-]Herrscher[8] den Vater vernichten wollten, so sei Christus gekommen zur Vernichtung des Judengottes und zum Heile derer, die ihm glaubten;[9] das seien aber die, welche den Lebensfunken in sich trügen. Denn zwei Arten von Menschen sind nach seiner Lehre von den

---

[1] Aus Antiochia in Syrien: unter Hadrian (117—138). ‖ [2] Vgl. 1. Petr. 3, 22. Valentinus aus Alexandria, seit etwa 140 in Rom, nannte die Summe der aus dem Vater hervorgegangenen und ihm noch nabestehenden [Welt-] Mächte oder Aeonen das Pleroma (die Fülle). Vgl. Hippolyt (röm. Presbyter, † um 250), Widerlegung aller Irrlehren (Refut. omn. haer. libr. X quae supersunt, rec. Duncker et Schneidewin, Gott. 1859), X, 13. ‖ [3] ἀπὸ τῆς αὐθεντίας, d. h. von dem obersten, unbekannten Gott. ‖ [4] ἄνωθεν. ‖ [5] ζῆν ἐποίησε. ‖ [6] τὸν δὲ Σωτῆρα. ‖ [7] δοκήσει δὲ ἐπιπεφηνέναι ἄνθρωπον. Nach Basilides (in Alexandria) ist sogar Simon von Cyrene (Mc. 15, 21) an Stelle Jesu gekreuzigt worden. Deshalb ist es nicht nötig, den zu bekennen, der gekreuzigt ist, sondern den, der in Menschengestalt gekommen und nur dem gewöhnlichen Glauben nach gekreuzigt ist. Gerade der erst, welcher den Gekreuzigten verleugnet, ist von der Gewalt der Weltschöpfer erlöst. (S. c. XIX in der Ausgabe von Harvey, Band I, S. 200.) ‖ [8] eben jene Engel. ‖ [9] oder: gehorchten (τῶν πειθομένων αὐτῷ).

Engeln geschaffen worden, der böse und der gute; und da die Dämonen den bösen halfen, so kam der Erlöser zur Vernichtung der bösen Menschen und der Dämonen, aber zum Heile der guten. Ehe und Zeugung aber ist nach seiner Lehre vom Satan. Und die meisten seiner Anhänger enthalten sich auch des Fleisches¹) infolge dieser erkünstelten Enthaltsamkeit.²) Die Weissagungen aber seien teils von den weltschaffenden Engeln gesprochen, teils von dem Satan, den er gleichfalls einen Engel sein liess, der [aber] den weltschaffenden entgegenarbeitet, besonders aber dem Judengott. So Satornil.³)

c) **Marcion.**⁴)

Justin, Apol. I, 26, 5.

Ferner Marcion aus Pontus, der auch noch jetzt seine Gläubigen lehrt, einen anderen Gott für grösser zu halten als den De-

---

¹) ἐμψύχων, eigentlich: der beseelten Wesen, der Tiere (animalia). ‖ ²) διὰ τῆς προσποιήτου ταύτης ἐγκρατείας. Einen anderen Standpunkt nahmen Karpokrates und seine Anhänger ein (Cap. XX; Harvey I, 209 f.). Sie erklärten ausser Glaube und Liebe alles für gleichgiltig (ἀδιάφορα), ja lehrten sogar, die Seelen würden solange verkörpert, bis sie alle Sünden begangen hätten! ‖ ³) ὁ Σατορνεῖλος, syrische Form für Saturninus. ‖ ⁴) Aus Synope in Pontus, seit etwa 140 in Rom, † um 170. „Zu den Gnostikern im strengen Sinne des Worts darf M. nicht gezählt werden; denn 1. leitete ihn kein speculativwissenschaftliches (auch kein apologetisches), sondern ein soteriologisches Interesse; 2. legte er darum auf den Glauben (nicht auf die Gnosis) allen Nachdruck; 3. verwendete er demgemäss für die Darlegung seiner Auffassungen weder die Elemente irgendwelcher semitischen Cultusweisheit noch die Methode der griechischen Religionsphilosophie; 4. blieb ihm die Unterscheidung einer esoterischen und exoterischen Form der Religion stets fremd: er hielt vielmehr an der Oeffentlichkeit der Verkündigung fest und war im Gegensatz zu jenen Unternehmungen, Schulen für die Wissenden und Mysterienculte für die Weihesüchtigen zu gründen, bestrebt, die Christenheit zu reformieren. Erst als er mit seinem Reformversuch nicht durchdrang, stiftete er eigene Gemeinden, in denen die brüderliche Gleichheit, die Freiheit von allen Cäremonien und die evangelische strenge Disciplin herrschen sollte. Völlig hingenommen von der Neuheit, Einzigkeit und Herrlichkeit der paulinischen Predigt von der Gnade Gottes in Christo empfand Marcion alle übrigen Fassungen des Evangeliums, insonderheit die Verbindung desselben mit der alttestamentlichen Religion, als Gegensatz und Rückfall." (Harnack, D. G. I¹, 197 ff.) — „Gleichwohl darf die Abhängigkeit auch dieser höchst originellen und praktisch bedeutsamen Erscheinung vom Geist des „Gnosticismus darum nicht verkannt werden". (Möller, Lehrbuch der Kirchengesch., I, 153.)

miurgen;¹) der in jedem Volk unter den Menschen mit der Hilfe der Dämonen viele dazu gebracht hat, Lästerungen auszusprechen und die Gottheit des Schöpfers dieses Alls zu leugnen,²) dagegen zu bekennen, dass ein anderer, wie er grösser sei, das Grössere im Vergleich zu diesem geschaffen habe.

Ir., a. a. O. I, c. 25.

Ihm³) schloss sich aber Marcion aus Pontus an und erweiterte [dessen] Lehre, indem er schamlos den lästerte, der von dem Gesetz und den Propheten als Gott verkündigt worden ist, indem er sagte, er sei der Schöpfer der Uebel, kriegsbegierig, auch unbeständig in seinem Urteil und sich selbst widersprechend. Jesus aber sei von dem Vater, der über dem Gott steht, der die Welt geschaffen hat, zu den Zeiten des Statthalters⁴) Pontius Pilatus, welcher der Procurator des Kaisers Tiberius war, nach Judäa gekommen, habe sich denen, die in Judäa waren, in Menschengestalt geoffenbart und die Propheten das Gesetz und alle Werke des Gottes, der die Welt gemacht hat, den er auch Weltschöpfer⁵) nennt, zerstört.⁶) Und überdies beschnitt er das Evangelium nach Lukas, entfernte alles, was über die Abstammung des Herrn geschrieben steht, entfernte auch aus der Lehre der Reden des Herrn vieles, worin von dem Herrn aufs offenkundigste geschrieben steht, wie er den Gründer dieses [Welt-]Alls als seinen Vater bekennt, und redete seinen Schülern ein, er selbst sei wahrhaftiger als die Apostel, welche das Evangelium überliefert haben; und so überlieferte er ihnen nicht das Evangelium, sondern ein Stückchen des Evangeliums. Desgleichen beschnitt⁷) er aber auch die Briefe des Apostels Paulus, indem er entfernte, was offenbar vom Apostel über den Gott gesagt ist, der die Welt gemacht hat, da dieser ja der Vater unseres Herrn Jesu Christi ist, und was der Apostel aus den prophetischen Schriften angeführt und gelehrt hat, welche die Ankunft des Herrn vorherverkündigen. — —

2. Die Ebioniten.⁸)

Ir., a. a. O. c. 22.

Die Ebionäer aber bekennen, dass die Welt von dem wahren

---

¹) den Weltschöpfer. ‖ ²) ἀρνεῖσθαι τὸν ποιητὴν τοῦδε τοῦ παντὸς θεόν. ‖ ³) Einem gewissen Cerdo. ‖ ⁴) praesidis. ‖ ⁵) Cosmocratorem = den Demiurgen (s. o.). ‖ ⁶) dissolventem. ‖ ⁷) abscidit. ‖ ⁸) Ebion hebr. = arm. So hiessen sie wegen ihrer Wertschätzung der Armut.

Gott geschaffen sei; in Bezug auf Christus aber denken sie ähnlich wie Cerinth und Karpokrates.¹) Sie gebrauchen allein das Matthäusevangelium und verwerfen den Apostel Paulus, indem sie ihn einen vom Gesetz Abtrünnigen nennen. Die prophetischen Stellen²) aber suchen sie mit ziemlicher Wissbegier³) auszulegen; auch lassen sie sich beschneiden und bleiben bei den Gebräuchen, die dem Gesetze gemäss sind, und bei der jüdischen Lebensweise, sodass sie sogar nach Jerusalem gewendet beten,⁴) als ob es das Haus Gottes sei.

3. Die Montanisten.

a) Zur Geschichte des Montanismus.

Eus. K.G. V, 14 ff.

Da nun der Feind der Kirche Gottes aufs äusserste das Gute c. 14. hasst und das Böse liebt, — — so liess er wiederum fremde Sekten gegen die Kirche aufsprossen. Die Anhänger der einen krochen nach Art giftiger Schlangen über Asien und Phrygien und rühmten den Parakleten⁵) Montanus und seine Anhängerinnen Priscilla und Maximilla, als seien sie die Prophetinnen des Montanus geworden.⁶)

---

¹) Nach den Philosophumena (des Hippolytus?) VII, 34 (bei Harvey I, 214, Anm.) sagen sie, „Jesus sei gerecht geworden (δεδικαιῶσθαι); deshalb sei eben dieser Jesus auch Christus Gottes [Messias] genannt worden, weil niemand von den anderen das Gesetz erfüllte, denn wenn (auch) ein anderer das im Gesetz Befohlene erfüllt hätte, so wäre er der Christus. Auch sie selbst aber könnten, wenn sie ebenso handelten, Messiasse werden; denn auch er, so sagen sie, sei ein Mensch wie alle andern (καὶ αὐτὸν ὁμοίως ἄνθρωπον εἶναι πᾶσι). ‖ ²) Quae autem sunt prophetica: entweder: die prophetischen Stellen, die Weissagungen: oder: die prophetischen Schriften. ‖ ³) curiosius. ‖ ⁴) uti ... adorent. Vgl. Hase, Kirchengeschichte auf der Grundlage akad. Vorlesungen I, 326. ‖ ⁵) = Tröster. Dafür gab sich Montanus auf Grund von Joh. 16, 7 aus. Vgl. hierzu, was Euseb. VII, 31 von dem Perser Manes erzählt: „Seiner Lebensweise nach also selbst in Sprache und Sitte ein Barbar, — — versuchte er, Christum selbst nachzuäffen, indem er bald sich selbst als den Paraklet und den heiligen Geist selbst verkündigte —, bald wie Christus 12 Jünger zu Genossen seiner Neuerung erwählte. Er trug und flickte falsche und gottlose Dogmen aus zahllosen längst erloschenen gottlosen Sekten zusammen und steckte von Persien aus unsern Erdkreis wie mit einem todbringenden Gift an. Von dieser Zeit an ist der ruchlose Name noch bis jetzt den meisten geläufig" (τοῖς πολλοῖς ἐπιπολάζει). ‖ ⁶) „Ueber die Apostel und jede Gnadengabe hinaus verherrlichen sie diese Weiblein, sodass einige von ihnen sich erkühnen zu sagen, dass etwas Höheres als Christus in jenen aufgetreten sei" (γεγονέναι). (Hippolyti refutatio omnium haeresium, VIII, 19.)

V. Altchristlicher Glaube.

c. 16,1. Gegen die sog. kata-phrygische Sekte[1]) stellte die für die Wahrheit kämpfende Macht als starke und unüberwindliche Waffe in Hierapolis den Apollinaris[2]) — — und mit ihm mehrere andere der damals lebenden gelehrten Männer auf, von denen auch uns

2. der meiste Stoff unserer Erzählung hinterlassen worden ist. Am Anfang der gegen sie gerichteten Schrift verkündigt nun einer der Erwähnten[3]) zuerst, dass er auch mit ungeschriebenen Beweisführungen gegen sie zu Felde gezogen sei. — —

6. Nachdem er dies und hierauf anderes am Anfang seines Berichtes gesagt hat, erzählt er im weiteren Verlauf von dem Urheber der erwähnten Sekte auf folgende Weise. „Ihr Widerstand also und die neue Sekte, die sich von der Kirche absonderte,[4])

7. hatte folgenden Ursprung. Es soll ein Dorf in dem an Phrygien grenzenden Mysien liegen, Namens Ardabau. Dort soll einer von denen, die zuerst den neuen Glauben angenommen hatten, Namens Montanus, unter dem Proconsulat des Gratus über Asien in massloser Begierde des Herzens, die erste Rolle zu spielen, dem Widersacher Zugang in sein Inneres gestattet haben und von einem Geiste getrieben worden, plötzlich in Verzückung und Ekstase geraten, als Enthusiast aufgetreten sein[5]) und begonnen haben, zu schwatzen und fremdartige Reden zu führen, indem er nämlich gegen die überlieferte und von Anfang an fortgepflanzte Sitte der Kirche weissagte. — — —

10. — — — (Denn) nachdem die Gläubigen in Asien vielmals und an vielen Orten Asiens deshalb zusammengekommen waren, die neuen Lehren geprüft und für unheilig erklärt und die Sekte verworfen hatten, wurden sie nun so aus der Kirche verstossen und von der Gemeinschaft ausgeschlossen. — — —

c. 18,1. — — — Gegen die Sekte der sogen. Kataphrygier die damals noch in Phrygien blühte, hat aber auch der Kirchenschriftsteller

---

[1]) τὴν λεγομένην κατὰ Φρύγας αἵρεσιν. Κατὰ Φρ. = an [das Gebiet der] Phrygier grenzend. S. u. §. 7. ‖ [2]) Der Bischof Apollinaris von Hierapolis in Phrygien war ein Zeitgenosse des Kaisers Marc Aurel (161—180). ‖ [3]) Der Name ist unbekannt. ‖ [4]) Ἡ τοίνυν ἔνστασις αὐτῶν καὶ ἡ πρόσφατος τοῦ ἀποσχίσματος αἵρεσις πρὸς τὴν ἐκκλησίαν. ‖ [5]) Auffällig ist das Praes. ἐνθουσιᾶν. Das Proconsulatsjahr des Gratus ist unbekannt; man setzt aber das Auftreten des Montanus in das Jahr 156. Bonwetsch, Die Geschichte des Montanismus, S. 147 f.

Apollonius eine Widerlegung unternommen und eine eigene Schrift gegen sie verfasst.¹) — —

Höre nun folgendes, was er mit seinen eigenen Worten von Montanus sagt: „Wer aber dieser neue Lehrer ist, zeigen seine 2. Werke und seine Lehre. Dieser ist es, der die Auflösung der Ehen gelehrt, der Fasten gesetzlich eingeführt,²) der Pepuza und Tymion Jerusalem genannt hat (es sind dies kleine Städte Phrygiens), in der Absicht, die Leute von allen Seiten her dort zu versammeln, der Geldeintreiber angestellt, der unter dem Namen von [Opfer-]Gaben³) die Annahme von Geschenken erfunden hat, der denen, welche seine Lehre verkündigen, Besoldungen⁴) darbietet, damit durch Schlemmerei die Lehre des Wortes verstärkt werde."

b) Aussprüche des Montanus und der Seinen.

α) Montanus.

Epiphanius, Gegen die Irrlehren,⁵) 48. Buch:

Siehe, der Mensch ist wie eine Lyra, und ich treffe auf ihn c. 4. wie das Plektrum.⁶) — —

Ich bin der Herr, Gott der Allmächtige, wohnend in einem c. 11. Menschen. — — — Ich bin weder als ein Engel noch als ein Presbyter,⁷) sondern ich bin als der Herr, Gott der Vater, gekommen. —

Didymus,⁸) Von der Dreieinigkeit 41, 1:

Ich bin der Vater und der Sohn und der Paraklet.

β) Seine Prophetinnen Priscilla und Maximilla.

Epiphan., a. a. O. 49, 1:

In Form eines Weibes gestaltet, sagt sie,⁹) in glänzendem Gewand kam zu mir Christus und legte in mich die Weisheit und offenbarte mir, dass dieser Ort da heilig sei, und dass hier Jerusalem aus dem Himmel herabsteige.

---

¹) Nach §. 12 ist diese 40 Jahre nach dem ersten Auftreten des Montanus geschrieben, also 196. || ²) Hippolyt wirft ihnen vor, dass sie „neue und unvernünftige (παραδόξους) Fasten einführen" (a. a. O. X, 25), „neue Fasten, Feste, Beschränkung auf trockene und Pflanzenkost" (ξηροφαγίας καὶ ῥαφανοφαγίας. VIII, 19.). — Die Auflösung der Ehe ist im asketischen Sinne zu verstehen. || ³) προσφορῶν. || ⁴) σαλάρια. || ⁵) S. oben S. 24, Anm. 7. | ⁶) ἰδού, ὁ ἄνθρωπος ὡσεὶ λύρα, κἀγὼ ἐφίπταμαι ὡσεὶ πλῆκτρον. Der Redende ist der Paraklet; Plektrum = das Stäbchen, womit Lyra oder Cither gespielt wird. || ⁷) πρέσβυς. || ⁸) Vorsteher der Katechetenschule in Alexandria, † um 395. || ⁹) Entweder Priscilla oder Quintilla.

Epiph., 48. Buch.

c. 12. — — Diese Maximilla — — was sagt sie? „Höret nicht mich, sondern höret Christus." ¹) — —

c. 13. — — „Der Herr hat mich gesandt als dieser Arbeit, dieses Bundes und dieser Verheissung Anhängerin, Verkünderin und Deuterin, die gezwungen ist, mag sie wollen oder nicht, die Erkenntnis Gottes zu lernen." — —

c. 2. — — „Nach mir wird keine Prophetin mehr sein, sondern das [Welt-]Ende."

γ) Ungenannte Propheten.

Tertullian, Von der Flucht, c. 21:²)

Wünschet nicht in Betten — — und Fiebern zu sterben, sondern im Martyrium, damit der verherrlicht werde, der für euch gelitten hat.

Tert., Von der Keuschheit, c. 21:

Ich habe den Parakleten selbst [für mich], der in den neuen Propheten sagt: Es kann die Kirche Sünde ³) vergeben, aber ich werde es nicht thun, damit sie nicht noch weitere Sünden begehen.

4. Die Monarchianer.⁴)

a) Leugnung der Gottheit Christi.

α) Theodotus.

Hippolytus, Widerlegung aller Irrlehren, X, 23.⁵)

Theodotus aus Byzanz führte folgende Irrlehre ein. Er sagte, das All zwar sei von dem wahren Gott geschaffen, von Christus aber sagte er in ähnlicher Weise wie die vorerwähnten Gnostiker, er sei auf folgende Weise erschienen: Christus sei ein Mensch von derselben Art wie alle [andern]⁶), unterscheide sich aber darin [von ihnen], dass er nach Gottes Ratschluss von einer Jungfrau, die der

---

¹) d. h. den Christus, der durch mich redet. ‖ ²) Kap. 55 desselben Buches bezeichnet Tert. dies als Inhalt einer Mahnung des Paraklet. ‖ ³) Es ist dabei an die Todsünden gedacht (Mord, Unzucht, Götzendienst), die nur Gott vergeben kann Tert., de pudic. c. 3. 5. 18. Bonwetsch, Gesch. d. Montanismus S. 114. ⁴) Solche, welche die Einheit Gottes auf eine von der kirchlichen Dreieinigkeitslehre abweichende Art festzuhalten suchten. Tertullian, Gegen Praxeas, c. 3: Wir halten, sagen sie, an der Monarchie fest. (Monarchiam, inquiunt, tenemus.) Vgl. die Unitarier der neueren Zeit. ‖ ⁵) Vgl. S. 82, Anm. 2. — Theodotus seit etwa 190 in Rom. ‖ ⁶) Κ[οιν]ὸν ἄνθρωπον πᾶσιν.

heilige Geist beschattet habe,¹) geboren, **nicht aber in der Jungfrau Fleisch geworden sei**; später sei bei der Taufe Christus in Gestalt einer Taube auf Jesus²) herabgekommen, weshalb sie behaupten, dass vorher die Wunderkräfte nicht [in] ihm gewirkt worden seien.³) **Als Gott aber will er Christus nicht gelten lassen.**

β) Paulus von Samósata.

Eusebius, K.G. VII, 27.

Auf Xystus, der die römische Gemeinde 11 Jahre geleitet hatte, folgte der dem alexandrinischen gleichnamige Dionysius. Zu dieser Zeit⁴) schied auch Demetrianus in Antiochia aus dem Leben, und Paulus von Samósata⁵) übernahm das Bistum. Da dieser aber niedrig und gering im Widerspruch mit der kirchlichen Lehre über Christus dachte, als ob er von Natur ein **gewöhnlicher Mensch**⁶) gewesen sei, wurde Dionysius von Alexandria gebeten, auf die Synode zu kommen; er lehnte es aber ab zu erscheinen,⁷) indem er sich mit Alter und zugleich mit leiblicher Krankheit entschuldigte und in einem Briefe seine Ansicht über die Streitfrage darlegte; die übrigen Hirten der Gemeinde aber kamen von ihren verschiedenen Orten gegen den Zerstörer der Herde Christi zusammen und eilten alle nach Antiochia.⁸)

b) Verwischung des Unterschiedes zwischen Vater und Sohn.

α) Noëtus.⁹)

Hippolytus, a. a. O. X, 27.

Aehnlich aber führte auch Noëtus, ein Smyrnaer von Herkunft, .. folgende Irrlehre ein. — — Er sagte, Einer sei der Vater und Gott des Alls; dieser, der alles geschaffen habe, sei ein durch das Seiende verborgener geworden,¹⁰) wenn er wollte, und erschienen, wenn er wollte; und derselbe sei unsichtbar, wenn er nicht ge-

---

¹) Luc. 1,35. ‖ ²) Demnach hätte im Vorhergehenden noch nicht von „Christus", sondern von Jesus gesprochen werden sollen. ‖ ³) μὴ πρότερον τὰς δυνάμεις αὐτῷ ἐνεργηθῆναι. ‖ ⁴) Um 260. ‖ ⁵) am Euphrat. ‖ ⁶) κοινοῦ τὴν φύσιν ἀνθρώπου. In der Kirchengesch. des Sokrates (s. o. S. 46) II, 19, 13; 30, 30 steht für κοινός: ψιλός. ‖ ⁷) ἀνατίθεται τὴν παρουσίαν. Eigentlich: er schob seinen Besuch auf. Bei der Berufung auf sein hohes Alter ist aber aufgeschoben soviel wie aufgehoben. ‖ ⁸) i. J. 264. Aber erst auf einer 3. Synode (268 oder 269) wurde Paulus aus der antiochenischen Kirchengemeinschaft ausgeschlossen. ‖ ⁹) Gegen Ende des 2. Jahrhunderts. ‖ ¹⁰) ἀφανῆ μὲν τοῖς οὖσι γεγονέναι.

sehen werde, sichtbar, wenn er gesehen werde; unerzeugt, wenn er nicht erzeugt werde, erzeugt aber, wenn er aus einer Jungfrau erzeugt werde, leidensunfähig¹) und unsterblich, wenn er nicht leide und sterbe; wenn er dagegen Leiden auf sich nehme,²) dann leide und sterbe er. **Ebendieser Vater heisst nach ihrer Ansicht bisweilen auch der Sohn, je nach den Umständen. Die Irrlehre dieser Leute³) bestätigte Kallistus.⁴)**

β) **Sabellius.**⁵)
Sokrates, K.G. II, 19, 19 f.⁶)

Auch die, welche sagen, Vater, Sohn und heiliger Geist sei derselbe, indem sie gottloser Weise die 3 Namen auf einunddieselbe Sache und Person⁷) beziehen, schliessen wir billig von der Kirche aus, denn sie stellen den unendlichen und leidensunfähigen⁸) Vater als endlich und zugleich leidensfähig infolge der Menschwerdung⁹) hin. Hierher gehören die, welche bei den Römern **Patripassianer,**¹⁰) bei uns¹¹) aber **Sabellianer** heissen.

5. Die Novatianer.
Euseb., K. G. VI, 43.

Es trat nämlich,¹²) durch den Hochmut gegenüber diesen¹³)

---

¹) ἀπαθῆ. ‖ ²) ἐὰν δὲ πάθη προσέλθῃ. ‖ ³) Nach Tertullian (Gegen Praxeas, c. 1) führte Praxeas „diese Art der Verkehrtheit aus Asien nach Rom ein. — Derselbe nötigte auch den römischen Bischof [Viktor, 189—199], der bereits die Weissagungen des Montanus, der Prisca und Maximilla anerkannte und durch diese Anerkennung den Kirchen Asiens [der Provinz] und Phrygiens den Frieden gab, durch falsche Behauptungen über jene Propheten und ihre Kirchen ..., die Friedensbriefe zu widerrufen ... So besorgte Praxeas zu Rom zwei Geschäfte des Teufels: er trieb die Prophetie aus und führte die Irrlehre ein, verjagte den Paraklet und kreuzigte den Vater." (Ita duo negotia diaboli Praxeas Romae procuravit, prophetiam expulit et haeresim intulit, paracletum fugavit et patrem crucifixit.) Cap. 2 wird seine Lehre so wiedergegeben: der Vater ist geboren und hat gelitten; Gott selbst, der allmächtige Herr, wird für Jesus Christus erklärt. ‖ ⁴) Bischof von Rom 217—222. ‖ ⁵) Um 240 Presbyter zu Ptolemais unweit Kyrene in Nordafrika. ‖ ⁶) Dort ist die nachträgliche grössere Darlegung des nicänischen Glaubens mitgeteilt. ‖ ⁷) πράγματός τε καὶ προςώπου. ‖ ⁸) ἀχώρητον καὶ ἀπαθῆ ‖ ⁹) διὰ τῆς ἐνανθρωπήσεως. ‖ ¹⁰) d. h. die lehren, dass der Vater selbst gelitten hat. ‖ ¹¹) im Orient. ‖ ¹²) Ἐπειδήπερ schliesst sich an das Ende des vor. Kap. an, wo die Anfrage des Bischofs Dionysius von Alexandria inbetreff der Behandlung derer mitgeteilt worden ist, die in der Zeit der Verfolgung sich schwach erwiesen hatten. ‖ ¹³) Eben den Abgefallenen; s. o. S. 11, Anm. 1.

aufgebläht, — als ob für sie keine Hoffnung des Heils mehr vorhanden sei, selbst wenn sie alles für eine echte Bekehrung und ein lauteres [Sünden-] Bekenntnis [Erforderliche] vollbrächten — Novatus,[1]) ein Presbyter der Gemeinde zu Rom, als Stifter einer besonderen Sekte derer auf, die in der Aufgeblasenheit ihres Sinnes sich selbst für die Reinen[2]) erklärten. Als in dieser Angelegenheit eine sehr grosse Synode zu Rom versammelt wurde von 60 Bischöfen (an der Zahl) und noch mehr Presbytern und Diakonen, und als in den übrigen Provinzen die Hirten jedes Landes besonders darüber berieten, was zu thun sei, ergab sich für alle der Beschluss, den Novatus mitsamt seinen Hochmutsgenossen[3]) und die, welche es vorziehen, der von Bruderhass und höchster Unmenschlichkeit getragenen Lehre des Mannes beizustimmen, von der Kirche auszuschliessen,[4]) die der Krankheit[5]) verfallenen unter den Brüdern aber zu heilen und zu pflegen mit den Heilmitteln der Busse. Es sind uns (also) Briefe des römischen Bischofs Kornelius an Fabius, den [Bischof] der Gemeinde zu Antiochia, erhalten, welche über die römische Synode und über das, was alle in Italien und Afrika und den dortigen Gegenden beschlossen haben, berichten, und wiederum andere in lateinischer Sprache verfasste von Cyprianus und seinen Genossen in Afrika, aus denen sich ergab, dass auch sie der Ansicht beistimmten, dass die in Versuchung Gefallenen Beistand empfangen müssten, und dass man von Rechtswegen den Stifter der Sekte und desgleichen alle seine Anhänger aus der katholischen Kirche verbannen müsse. — —

6. Die Donatisten.

Optatus von Mileve, Vom Schisma der Donatisten.[6])

Auch ihr selbst, die ihr heilig und unschuldig vor den II, 20. Menschen erscheinen wollt, sagt, woher stammt jene Heiligkeit,

---

[1]) VII, 8 und in einer Lesart von VI, 45 ist der Name richtig angegeben: Novatianus. Es liegt eine Verwechslung mit dem gleichgesinnten Presbyter Novatus in Karthago vor. ‖ [2]) Καθάρους, woraus der Name Ketzer entstanden ist. ‖ [3]) ἅμα τοῖς αὐτῷ συνεπαρθεῖσι. ‖ [4]) ἐν ἀλλοτρίοις τῆς ἐκκλησίας ἡγεῖσθαι. ‖ [5]) τῇ συμφορᾷ = „der Krankheit"; vgl. das folgende ἰᾶσθαι. ‖ [6]) Optatus de schismate Donatistarum. Migne, patrol. lat., t. 11. Optatus war Bischof von Mileve in Nordafrika. Die Zeitbestimmung ergibt sich aus I, 13 und IV, 5. (Der an letztgenannter Stelle erwähnte Photinus † 376.) — Das Schisma entstand 311 in Numidien, wo eine Anzahl von Bischöfen, darunter Donatus von Casae nigrae, den Bischof Caecilianus nicht anerkannten, weil er

die ihr euch allzu dreist anmasst? Der Apostel Johannes wagt sich nicht zu ihr zu bekennen, denn er spricht: „Wenn wir sagen, dass wir keine Sünde haben, so betrügen wir uns selbst und die Wahrheit ist nicht in uns."[1] — — Zur Schule des Johannes habt ihr nicht gehören wollen. Denn wenn ihr jemand verführt, so verheisst ihr, Vergebung[2]) der Sünden zu erteilen; und während ihr Sünden vergeben wollt, erklärt ihr euch [selbst] für sündlos.[3]) — — Und doch sprecht ihr: „Vater unser, der du bist im Himmel, vergib uns unsre Schulden und Sünden." — Aber, wie es scheint, gibt euch das eure Ammc, die Hoffart, ein, die Christus im Evangelium bezeugt; denn wenn er auch eure Namen nicht genannt hat, so hat er doch im Gleichnis euern Charakter dargestellt; denn so steht geschrieben: „Es sagte Jesus dieses Gleichnis wegen etlicher, die sich für heilig halten und die andern verachten."[4]) — — Für besser sind erfunden worden Sünden in Verbindung mit Demut, als Sündlosigkeit mit Hoffart. Da ferner auch die schweren Sünden der Auslieferung [der heiligen Schriften] und des Schismas nicht fehlen, so beglückwünscht euch dazu, dass ihr obendrein noch hoffärtig seid!

III, 3. — — Wer kann leugnen — wofür vorzüglich ganz Karthago Zeuge ist —, dass der Kaiser Konstans[5]) den Paulus und Macarius zuerst nicht zur Herstellung der Einigkeit abgesandt hat, sondern mit Almosen, mit deren Hilfe in den einzelnen Gemeinden die Armut aufatmen, sich kleiden, nähren und freuen könnte? Als diese zu deinem Vater[6]) Donatus kamen und ihm anzeigten, weshalb sie gekommen waren, brach jener, von seiner gewöhnlichen Wut entbrannt, in folgende Worte aus: „Was hat der Kaiser mit der Kirche zu schaffen?"[7]) — — Schon damals sann er, im Widerspruch mit den Vorschriften des Apostels

---

von einem Traditor (der die heil. Schrift den Heiden ausgeliefert) ordiniert sei, und einen Gegenbischof (Majorinus) aufstellten. Die Losung der Donatisten war also: Reinerhaltung der Kirche. ‖ [1]) 1. Joh. 1, 8. ‖ [2]) indulgentiam. ‖ [3]) vestram profitemini innocentiam. ‖ [4]) Luc. 18, 9. Nach II, 7 fällten die Donatisten sogar das absprechende Urteil: „Welcher Geist kann sonst in jener Kirche sein als der, welcher Söhne der Hölle gebiert?" (nisi qui in der Ausgabe von Du Pin; bloss nisi bei Migne.) ‖ [5]) In Wirklichkeit war es Konstantin d. Gr. ‖ [6]) Angeredet ist in der ganzen Schrift der Donatist Parmenianus, der Nachfolger des Donatus und Majorinus in Karthago, also nur im geistigen Sinne ein Sohn des erstgenannten. ‖ [7]) Quid est imperatori cum ecclesia?

Paulus darauf, den Obrigkeiten und Königen Unrecht zu thun, für die er, wenn er auf den Apostel hörte, täglich hätte beten müssen. Denn so lehrt der selige Apostel Paulus: „Bittet für Könige und Obrigkeiten, damit wir ein ruhiges und stilles Leben unter einander[1] führen."[2] Denn nicht ist der Staat in der Kirche, sondern die Kirche im Staate, d. h. im römischen Reiche.[3] —

— — Es kamen Paulus und Macarius, um überall die Armen III, 4. zu beschenken[4] und die einzelnen zur Einigkeit zu ermahnen; und als sie sich der Stadt Bagae[5] näherten, da sandte der andere Donatus — —, der Bischof dieser Stadt, welcher der Einigkeit ein Hindernis [bereiten] und den oben erwähnten Ankömmlingen einen Riegel vorschieben wollte, durch die benachbarten Orte und durch alle Märkte[6] Herolde, indem er die Circumcellionen Streiter nannte;[7] er lud sie[8] ein, dass sie am erwähnten Ort zusammenkommen sollten; und so wurde zu dieser Zeit ein Zusammenströmen derer gefordert, deren Raserei kurz zuvor von den Bischöfen selbst in gottloser Weise[9] entflammt worden zu sein schien. Denn als diese Sorte von Menschen vor der Einigung[10] die einzelnen Ortschaften durchschwärmten; als Axido und Fasir von den Rasenden selbst „Führer der Heiligen" genannt wurden: da durfte keiner auf seinen Besitzungen sicher sein; die Handschriften der Schuldner hatten ihre [Rechts-]Kraft verloren; kein Gläubiger hatte damals die Freiheit der Einforderung. In Schrecken wurden alle gesetzt durch die Briefe derer, die sich rühmten, Führer der Heiligen gewesen zu sein; und wenn man im Gehorsam gegen ihre Befehle säumig war, stürmte plötzlich eine rasende Menge heran, voran eilte der Schrecken, und die Gläubiger wurden von Gefahren umringt, sodass die, welche um ihre Darlehen hätten gebeten werden sollen, aus Todesangst sich zu demütigen

---

[1] cum ipsis. || [2] 1. Tim. 2, 2. || [3] Non enim respublica est in ecclesia, sed ecclesia in respublica, id est, in imperio Romano. || [4] qui ... dispungerent. Eigentlich wohl = um für den Empfang von Unterstützungen aufzuzeichnen. || [5] ad Bagaiensem civitatem. Baga oder Vaga, s. w. von Utica. || [6] nundinas = entweder Markttage oder Handelsplätze. || [7] Circumcelliones Agonisticos nuncupans. Circumcellionen hiessen sie nach Augustin (contra Cresconium I, 28), weil sie die Vorratsräume der Bauern (cellas rusticanas) umschwärmten. Donatus bezeichnete sie mit einem schönklingenden Namen: Streiter [etwa: des Herrn]. || [8] Die Bewohner. || [9] impie. || [10] den Einigungsmassregeln des Macarius.

Bitten treiben liessen. Ein jeder beeilte sich, auch die grössten Schuldsummen einzubüssen, und erachtete es noch für einen Gewinn, ihren Misshandlungen entronnen zu sein. Auch die Reichen konnten nicht besonders sicher sein, da die Herren, von ihren Fuhrwerken verdrängt, vor ihren Sklaven,[1]) die auf den Plätzen der Herren sassen, unterthänig zu Fusse gingen. Auf Urteil und Befehl jener wurden zwischen Herren und Sklaven die Rollen vertauscht. Als daraus den Bischöfen euerer Partei Hass erwuchs, sollen sie an Taurinus, den damaligen Statthalter[2]), geschrieben haben, derartige Menschen könnten nicht in der Kirche gebessert werden; sie verlangten, dass sie vom oben genannten Statthalter in Zucht genommen würden.[3]) Da entsandte Taurinus auf ihr Schreiben hin Soldaten in die Märkte, wo die Wut der Circumcellionen gewöhnlich ihr Wesen getrieben hatte.[4]) — —

V, 3. Da du also gesagt hast, es sei eine Sintflut gewesen und die Beschneidung könne nicht wiederholt werden;[5]) und da wir gelehrt haben, dass die himmlische Gabe einem jeden Gläubigen von der Dreieinigkeit zuerteilt werde, nicht von einem Menschen: warum hat es euch da gut geschienen, nicht nach uns, sondern nach der Dreieinigkeit die Taufe zu wiederholen?[6]) Ueber das Sakrament derselben ist kein leichter Kampf entbrannt, und es wird bezweifelt, ob man nach der Trinität in [dem Namen] derselben Trinität dies nochmals thun darf. Ihr sagt: „man darf"; wir wir sagen: „man darf nicht". — —

Nun kommt herbei, ihr Scharen alle und ihr einzelnen christlichen Völker; lernet, was erlaubt ist: als Petrus dazu herausfordert, lehrt Christus: — — Wer einmal gewaschen ist, hat nicht nötig, nochmals gewaschen zu werden, denn er ist ganz rein.[7])

VI, 7. Was soll ich auch jene Gottlosigkeit berichten, die von eurer Verschwörung herstammt, dass ihr zu dem Zwecke in die Kirchen[8]) dringen wolltet, um euch allein die Friedhöfe anzueignen, indem ihr die katholischen Leichen nicht zu begraben gestattetet; um

---

[1]) Statt municipia ist offenbar zu lesen mancipia. ‖ [2]) comiti. ‖ [3]) acciperent disciplinam. ‖ [4]) Das eben Erzählte geht zeitlich dem zu Anfang des Kapitels berichteten neuen Aufruf an die Circumcellionen voraus und dient zur Begründung des „impie". (S. o. S. 93 Anm. 9.) ‖ [5]) Beides hatte Parmenianus nach V, 1 zur Vergleichung mit der Taufe herangezogen. ‖ [6]) geminare. ‖ [7]) Joh. 13, 10. ‖ [8]) Basilicas.

die Lebenden zu schrecken, behandelt ihr auch die Toten schlecht, indem ihr den Leichen einen Platz verweigert. — —

— — Desgleichen befahl Christus, dass auf seinem Acker auf VII,2. dem ganzen Erdkreis, auf dem es [nur] Eine Kirche gibt, sowohl seine als fremde Samenkörner wachsen sollen. Nach dem gemeinsamen Wachstum wird der Gerichtstag kommen, der eine Ernte der Seelen ist, wird der Sohn Gottes zu Gericht sitzen, der erkennt, was sein und was fremd ist. — — Denn es ist unrecht, dass wir Bischöfe thun, was die Apostel nicht thaten, denen nicht gestattet war, die Samenarten zu scheiden oder das Unkraut vom Weizen wegzujäten.[1])

VI. Christenverfolgungen.

A. Voraussetzungen.

1. Gesetze und Verordnungen.[2])

a) Aus der Zeit der Republik.

Zwölftafelgesetze (450 v. Chr.).

Niemand habe auf eigene Faust Götter, weder neue, noch fremde, ausser den von Staats wegen herbeigeholten.[3])

Niemand soll in der Stadt[4]) nächtliche Zusammenkünfte abhalten.[5])

b) Aus der Kaiserzeit.

α) Sueton, Tiberius, c. 36.[6])

Ausländische Kulte, ägyptische und jüdische Religionsgebräuche unterdrückte er[7]) und zwang die, welche in diesem Aberglauben

---

[1]) Mt. 13, 24 ff. || [2]) Vgl. Mommsen, Der Religionsfrevel nach römischem Recht. Historische Zeitschrift, herausgegeben von H. v. Sybel und M. Lehmann, 1890, 3. H., S. 389 ff. || [3]) Separatim nemo habessit deos neve novos neve advenas, nisi publice adscitos. Bei Cicero, Von den Gesetzen, II, 8, 19. Ausgabe von Vahlen 1883, S. 92. Nach Befragung der sibyllinischen Bücher wurden zuweilen auswärtige Gottheiten in Rom eingeführt. || [4]) Rom. || [5]) Ne quis in urbe coetus nocturnos agitaret. Schöll, Leges XII tabularum reliquiae, S. 151. Vgl. Trajans Verbot der Hetärien, unten S. 97, Anm. 4, und Tertull., Apol. 38. || [6]) Ausgabe von Roth, Leipzig 1858. Sueton † um 140. || [7]) Externas caerimonias, Aegyptios Judaeosque ritus compescuit.

befangen waren, ihre kultischen Gewänder mit allem Gerät zu verbrennen. Die Jugend der Juden verteilte er unter dem Schein des Kriegsdienstes in Provinzen von rauherem Klima, die übrigen dieses Volkes oder die, welche einem ähnlichen Glauben anhingen,[1]) entfernte er aus der Stadt bei Strafe dauernder Knechtschaft, wenn sie nicht gehorchten.

β) L. Paullus, Sentenzen V, 21.[2])

[Von denen,] Die neue und nach Brauch und Art[3]) unbekannte Religionen einführen, durch welche die Gemüter der Menschen beunruhigt werden können, sollen die Vornehmeren deportiert, die Geringeren mit dem Tode bestraft werden.[4])

γ) Ael. Spartianus, Severus, 17, 1.[5])

Bei schwerer Strafe verbot er,[6]) Jude zu werden. Dasselbe bestimmte er auch betreffs der Christen.

δ) Tertullian, Apologeticum 10. 24. 28. 38.

c. 10. „Ihr verehret," so sagt ihr, „die Götter nicht und bringt für die Kaiser keine Opfer dar." — — — Und so werden wir als des Religionsfrevels und des Majestätsverbrechens[7]) schuldig belangt. — —

c. 24. — — (Aber) uns allein wird verwehrt, eine eigentümliche Religion zu haben. Wir beleidigen die Römer und werden nicht für Römer gehalten, die wir den Gott der Römer nicht verehren. [Es ist nur] gut, dass er der Gott aller ist, dem wir alle angehören, wir mögen wollen oder nicht. Aber bei euch ist es erlaubt, alles Mögliche zu verehren ausser dem wahren Gott. — —

c. 28. — — Wir sind also beim zweiten Anklagepunkte angelangt, dem der Verletzung einer noch erhabeneren Majestät,[8]) sofern ihr mit noch grösserer Scheu und schlauerer Aengstlichkeit den Kaiser verehret als selbst den olympischen Jupiter. — —

---

[1]) vel similia sectantes. ‖ [2]) L. Paulli (Zeitgenosse des Septimius Severus), Receptarum sententiarum ad filium libri V. cura Lud. Arndts. Praefatus est Ed. Böcking: Bonn, 1835. ‖ [3]) usu vel ratione. ‖ [4]) Römische Bürger werden enthauptet, Nichtbürger meist zum Tierkampf bestimmt (Eus. K. G. V. 1, 47) oder auch gekreuzigt, wie dies von Petrus erzählt wird (s. o. S. 3) oder verbrannt (so Polykarp). ‖ [5]) Scriptores historiae Augustae ed. Peter 1884. Spartian schreibt unter Diocletian 284—305). ‖ [6]) Septimius Severus (193—211). ‖ [7]) sacrilegii et maiestatis. Für das erstere steht c. 24: laesae religionis. ‖ [8]) ad secundum titulum laesae augustioris maiestatis.

A. Voraussetzungen. 97

Musste hiernach nicht mit grösserer Milde diese Sekte unter c. 38. die erlaubten Vereinigungen¹) gerechnet werden, von welcher nichts von der Art begangen wird, wie man es von den unerlaubten Vereinigungen²) zu fürchten pflegt?

2. Volksstimmung.

Tertullian, Apologeticum, c. 40.

Aber im Gegenteil,³) jene verdienen den Namen einer Rotte, die sich zum Hass gegen die Guten und Rechtschaffenen verschwören, die gegen das Blut Unschuldiger ein Kriegsgeschrei erheben, indem sie thatsächlich zur Rechtfertigung ihres Hasses auch jenen Unsinn vorschützen, dass sie glaubten, an jedem öffentlichen Unglück, jedem Notstand des Volkes, seien die Christen schuld.⁴) Wenn der Tiber die Stadt überschwemmt, wenn der Nil die Gefilde nicht überschwemmt, wenn der Himmel sich nicht geregt,⁵) wenn die Erde sich bewegt hat, wenn eine Hungersnot, wenn eine Seuche ausbricht, gleich schreit man: [werft] die Christen vor den Löwen!⁶)

---

¹) inter licitas factiones. ‖ ²) de inlicitis factionibus. ‖ ³) Im Gegensatz zu den beschuldigten Christen. ‖ ⁴) Wegen ihrer Gottlosigkeit (ἀθεότης), d. h. weil sie die Götter nicht verehren. Vgl. Justin, Apol. I, 6 (oben S. 63) und Dio Cassius 67, 14 (unten S. 99). Nach Tac., Ann. 15, 44 (S. 98) erscheinen sie ausserdem als Leute, die wegen ihrer Schandthaten verhasst und des Menschenhasses überführt sind. Die Schandthaten, die ihnen schuld gegeben werden, sind nach dem Brief der verfolgten Gemeinden von Lyon und Vienne (Eus. K. G. V, 1, 14) thyestoische Mahlzeiten und ödipodeische Unzucht. Thyesteische Mahlzeiten (vgl. Goethes Iphigenia auf Tauris I, 3) bedeuten hier den Genuss des Fleisches geschlachteter Heldenkinder (beim Abendmahl), den man schon den Juden vorgeworfen hatte und thörichterweise noch heute zuweilen vorwirft: ödipodeische Unzucht, d. h. Blutschande, sollten die Christen, die sich Brüder und Schwestern nannten, bei ihren geheimen Zusammenkünften treiben. Athenagoras zählt als die 3 Anklagen, die gegen die Christen erhoben werden (τρία ἐγκλήματα) auf: ἀθεότητα, Θυέστεια δεῖπνα, Οἰδιποδίους μίξεις (Supplicatio pro Christianis, c. 3). ‖ ⁵) keinen Regen gespendet hat. ‖ ⁶) Christianos ad leonem! Cyprian (Von den Gefallenen, c. 13) nennt als die Mittel, die gegen die Christen angewendet wurden: Geissel, Knüttel, Folter, Klaue [der wilden Tiere im Circus] und Feuer. Nach Eus., K. G. V, 1, 47 wurden (zu Lyon) die Christen, welche das römische Bürgerrecht besassen, enthauptet, die übrigen den wilden Tieren preisgegeben.

VI. Christenverfolgungen.

B. Einzelne Verfolgungen.

1. Verfolgungen, die nicht gegen die christliche Religion als solche gerichtet sind.

a) Unter Nero (i. J. 64).

Tacitus, Annalen XV, 44.[1])

— — Nicht menschenfreundliche Hilfeleistung, nicht die Schenkungen des Fürsten oder die Massregeln zur Versöhnung der Götter schafften den schmachvollen Glauben aus der Welt, die Feuersbrunst[2]) sei befohlen worden. Um also dieses Gerücht zum Schweigen zu bringen, schob Nero als Schuldige unter und belegte mit den ausgesuchtesten Strafen die, welche, durch ihre Schandthaten verhasst,[3]) das Volk Christen nannte. Der Urheber dieses Namens, Christus, war unter der Regierung des Tiberius durch den Procurator Pontius Pilatus hingerichtet worden. (Und) der für den Augenblick unterdrückte verderbliche Aberglaube[4]) brach wieder hervor, [und verbreitete sich] nicht blos über Judäa, die Heimat dieses Uebels, sondern auch über die [Haupt-]Stadt, wo alles Scheussliche und Schmachvolle überallher zusammenströmt und Anhang findet. Es wurden daher zuerst die ergriffen, welche gestanden,[5]) sodann auf deren Anzeige hin eine ungeheure Menge, und nicht sowohl des Verbrechens der Brandstiftung, als des allgemeinen Menschenhasses[6]) überführt. Und bei ihrer Bestrafung mit dem Tode trieb er noch sein Spiel mit ihnen, indem er sie mit Tierhäuten bedeckt von Hunden zerfleischen oder kreuzigen oder dem Feuertode übergeben und bei einbrechender Dunkelheit im Dienste der nächtlichen Beleuchtung verbrennen liess.[7]) Seine Gärten hatte Nero zu dieser Schaustellung hergegeben und gab ein Circusspiel, wobei er in der Tracht eines Wagenlenkers sich unter den Pöbel mischte oder auf einem Wagen

---

[1]) Ausgabe von Nipperdey, Berlin 1871—76. Tacitus † um 120. ‖ [2]) die nach c. 40 von den 14 Bezirken der Stadt Rom 3 ganz und 7 zum grössten Teil zerstört hatte. ‖ [3]) per flagitia invisos. ‖ [4]) exitiabilis superstitio. ‖ [5]) Was? Ihr Christentum oder die Brandstiftung? Völlig entschieden ist diese Frage wohl noch nicht. ‖ [6]) odio generis humani. ‖ [7]) Der Satz des Urtextes ist anakoluthisch.

stand. Daher regte sich, obgleich gegen Schuldige und der äussersten Strafen Würdige [verfahren wurde], das Mitleid, als ob sie nicht dem Gesamtwohle, sondern der Grausamkeit eines einzelnen geopfert würden.

b) Unter Domitian (i. J. 95/6).[1]

α) Suetonius, Domitian, c. 15.[2]

Endlich liess er den **Flavius Clemens**, seinen Vetter, einen Mann von verächtlichster Energielosigkeit, dessen damals noch ganz kleine Söhne er öffentlich zu seinen Nachfolgern ernannt und, unter Tilgung ihres früheren Namens, den einen Vespasian, den andern Domitian zu nennen befohlen hatte, plötzlich auf einen ganz geringen Verdacht hin unmittelbar nach seinem Konsulate töten. Durch diese That vor allem beschleunigte er sein Ende.

β) Dio Cassius, Römische Geschichte, 67, c. 14.[3]

In demselben Jahre[4] liess Domitian unter vielen andern auch den Konsul Flavius Clemens hinrichten, obgleich dieser ein Vetter von ihm war und auch zur Gattin eine Verwandte von ihm hatte, Flavia Domitilla. Es wurde aber gegen beide die Anklage der **Gottlosigkeit**[5] erhoben, auf Grund deren auch viele andere verurteilt wurden, die sich den **Sitten der Juden anschlossen**, und zwar so, dass die einen den **Tod** erlitten, die andern wenigstens ihres **Vermögens beraubt** wurden. Domitilla aber wurde nur nach Pandateria[7] verbannt.

---

[1] Die Sage von den zwei Grossneffen Jesu, die Domitian ins Verhör nimmt, aber als ungefährliche Landleute mit schwieligen Händen wieder entlässt, findet sich bei Eus. (K. G. III, 20), der sie Hegesippus (um 150) nacherzählt. ‖ [2] s. S. 95, Anm. 6. ‖ [3] Dionis Cassii Cocceiani historia Romana ed. L. Dindorf. (Von der neuen Auflage, die Melber 1890 besorgt hat, ist erst ein Band erschienen.) Dio Cassius † um 230. ‖ [4] 95. Nach Sueton ist das Konsulatsjahr des Flavius Clemens bereits abgelaufen, sodass die Verfolgung in den Anfang des Jahres 96 fällt. ‖ [5] ἔγκλημα ἀθεότητος. S. S. 97, Anm. 4. ‖ [6] ἐς τὰ τῶν Ἰουδαίων ἤθη ἐξοκέλλοντες. Dass die Christen als solche von Domitian verfolgt worden wären, ist unerwiesen; ebenso die Zugehörigkeit von Gliedern der kaiserlichen Familie zum Christentum. Vgl. auch H. Schiller, Gesch. der römischen Kaiserzeit I, 577 f. ‖ [7] Insel an der campanischen Küste.

VI. Christenverfolgungen.

2. Partielle Verfolgungen der christlichen Religion als solcher.[1]

a) Unter Trajan (98-117).
Briefwechsel Plinius des Jüngeren mit Trajan.
Brief 96 und 97.[2]

No. 96. α) C. Plinius an den Kaiser Trajanus.

Es ist meine Gewohnheit, mein Gebieter[3]), alles, worüber ich im Zweifel bin, an dich zu berichten. Denn wer vermag besser meine Unsicherheit zu lenken oder meine Unwissenheit zu belehren? Den Untersuchungen über die Christen habe ich niemals beigewohnt; deshalb weiss ich nicht, auf was und wieweit sich die Bestrafung oder die Untersuchung zu erstrecken pflegt. Auch bin ich nicht wenig in Ungewissheit darüber, ob ein Altersunterschied [zu machen] ist, oder ob die noch in ganz zartem Alter Stehenden gar nicht anders als die Stärkeren [zu behandeln] sind, ob der Reue Verzeihung gewährt werden, oder ob es dem, welcher überhaupt Christ gewesen ist, keinen Nutzen bringen soll, wenn er aufgehört hat, es zu sein, ob der Name an und für sich, auch ohne Verbrechen, oder die mit dem Namen verbundenen Verbrechen bestraft werden sollen. Inzwischen bin ich mit denen, die mir als Christen angezeigt wurden,[4]) auf folgende Weise verfahren. Ich fragte sie, ob sie Christen seien, bekannten sie es, so fragte ich sie zum 2. und 3. Male unter Androhung der Todesstrafe; blieben sie dabei, so liess ich sie [zum Tode] abführen. Denn es war mir nicht zweifelhaft, dass, wie auch das, was sie bekannten, beschaffen sein möge, jedenfalls die Hartnäckigkeit und der unbeugsame Starrsinn bestraft werden müsse. Eine ähnliche Verrücktheit zeigten einige, die ich, weil sie römische Bürger waren, zur Ueberführung nach der [Haupt-]Stadt vermerkte. Als dann gerade durch die [gerichtliche] Behandlung das Verbrechen sich, wie es zu geschehen pflegt,

---

[1]) Origenes († 258), Gegen Celsus III, 8: „Denn um der Mahnung (ὑπομνήσεως) willen — damit sie (die übrigen) infolge des Anblicks einiger weniger, die für ihren Glauben kämpfen, sich bewähren lernten (δοκιμώτεροι γίνωνται) und den Tod verachteten — sind von Zeit zu Zeit einige wenige und sehr leicht zu zählende (σφόδρα εὐαρίθμητοι) für das Christentum (ὑπὲρ τῆς Χριστιανῶν εὐσεβείας) gestorben." Anders Clem. Alex., Strom. II, 20, 125. ‖ [2]) Ausgabe von Keil, 1870. Unser Briefwechsel stammt aus dem Jahre 112. ‖ [3]) domine. ‖ [4]) qui ad me tamquam Christiani deferebantur.

verbreitete, kamen [mir] mehrere Arten [von Angeklagten] vor. Es wurde eine namenlose Anklageschrift mit vielen Namen vorgelegt. Die [nun], welche leugneten, Christen zu sein oder gewesen zu sein, glaubte ich, wenn sie nach meinem Vorgange die Götter anriefen und deinem Bilde, das ich zu diesem Zwecke mit den Götterbildern hatte herbeischaffen lassen, mit Weihrauch und Wein ihre Anbetung darbrächten und ausserdem Christus lästerten — lauter Handlungen, zu denen sich die, welche in Wahrheit Christen sind, wie man sagt, durchaus nicht zwingen lassen —, [die glaubte ich] entlassen zu sollen. Andere, die von einem Angeber genannt waren, sagten, sie seien Christen, und leugneten es bald [wieder]; sie seien es zwar gewesen, seien es aber nicht mehr, manche seit 3 Jahren, manche seit noch mehreren Jahren, manche sogar seit zwanzig. Auch diese alle haben sowohl dein Bild und die Götterbilder angebetet, als auch Christus gelästert. Sie versicherten aber, ihre ganze Schuld oder ihr ganzer Irrtum habe darin bestanden, dass sie regelmässig an einem bestimmten Tage vor Tagesanbruch zusammengekommen seien, Christo als einem Gotte mit einander ein Loblied angestimmt[1]) und sich durch einen Eid nicht zu irgendwelchem Verbrechen verpflichtet hätten, sondern dazu, keinen Diebstahl, keinen Raub, keinen Ehebruch zu begehen, ihr Wort nicht zu brechen und anvertrautes Gut, wenn es zurückgefordert werde, nicht zu verleugnen; hierauf seien sie ihrer Gewohnheit gemäss auseinandergegangen und wieder zusammengekommen, um Speise zu nehmen, aber gewöhnliche und unschuldige;[2]) doch auch dies hätten sie nicht mehr gethan seit meinem Erlass, in dem ich nach deinen Anordnungen die Genossenschaften verboten hatte.[3]) Umso notwendiger fand ich es, aus zwei Mägden, welche Diakonissen[4]) genannt wurden, selbst durch die Folter herauszubringen, was [daran] wahr sei. Ich habe nichts anderes gefunden als einen verkehrten, masslosen Aberglauben.[5])

---

[1]) quod essent soliti stato die ... carmen ... Christo quasi deo dicere secum invicem. Sollte invicem schon auf einen Wechselgesang hinweisen? Dicere scheint eine recitativartige Vortragsweise zu bezeichnen. ‖ [2]) Vg. oben S. 97, Anm. 4. ‖ [3]) post edictum meum, quo secundum mandata tua hetaerias esse vetueram. ‖ [4]) ministrae. ‖ [5]) superstitionem pravam immodicam.

Deshalb schob ich die Untersuchung auf und wandte mich an deinen Rat. Denn die Sache schien mir der Anfrage wert, besonders wegen der Zahl der Gefährdeten. Denn viele von jedem Alter, jedem Stand, auch beiderlei Geschlecht, stehen in Gefahr und werden in Gefahr kommen. Und nicht nur über die Städte, sondern auch über die Dörfer und das flache Land hat sich die Ansteckung dieses Aberglaubens verbreitet;[1]) doch scheint er noch zum Stillstand gebracht und geheilt werden zu können.

Wenigstens ist hinlänglich bekannt, dass die beinahe schon verödeten Tempel wieder besucht, die lange unterbrochenen feierlichen Gottesdienste wieder aufgenommen und Futter für Opfertiere wieder verkauft zu werden beginnt, wofür sich bisher äusserst selten ein Käufer fand. Hiernach lässt sich leicht vermuten, welche Masse von Menschen gebessert werden kann, wenn man der Reue Raum gibt.

No. 97. β) Trajanus an Plinius.

Du hast, mein Plinius, das richtige Verfahren bei der Untersuchung der Sache derer, die dir als Christen angezeigt worden waren, befolgt. Es lässt sich nämlich auch nicht für alle Fälle eine bestimmte Form [des Verfahrens] festsetzen. Aufzusuchen sind sie nicht; wenn sie angezeigt und überführt werden, sind sie zu bestrafen, doch so, dass der, welcher leugnet, ein Christ zu sein, und dies durch die That beweist, nämlich durch Anrufung unserer Götter, mag er auch in Bezug auf die Vergangenheit noch so verdächtig sein, auf Grund seiner Reue Verzeihung erlangt. Namenlos eingereichte Anklageschriften aber dürfen bei keiner Anklage zugelassen werden, denn das gäbe ein sehr schlechtes Beispiel und ist unseres Zeitalters unwürdig.[2])

[1]) Vgl. Tert. apol. 37: Von gestern sind wir und haben [schon] euer ganzes Gebiet erfüllt, eure Städte, Inseln, Festungen, Freistädte, Marktflecken, selbst eure Lager, eure Tribus, Decurien, [Abteilungen der römischen Bürgerschaft], den Palast, den Senat, das Forum; nur die Tempel haben wir euch übrig gelassen. (Hesterni sumus, et vestra omnia implevimus, urbes, insulas, castella, municipia, conciliabula, castra ipsa, tribus, decurias, palatium, senatum, forum; sola vobis reliquimus templa.) — Die Schilderung ist natürlich nicht ohne rhetorische Uebertreibung. ‖ [2]) Conquirendi non sunt: si deferantur et arguantur, puniendi sunt, ita tamen, ut qui negaverit se Christianum esse idque re ipsa manifestum fecerit, id est supplicando dis nostris, quamvis suspectus in praeteritum, veniam

B. Einzelne Verfolgungen.

b) Unter Marc Aurel. (161—180.)

α) Brief der Gemeinden von Lyon und Vienne an die kleinasiatischen Christen aus d. J. 177.

Bei Eusebius, K. G. V, 1, §. 55 ff.

Die selige Blandina aber eilte von allen zuletzt wie eine edle Mutter, die ihre Kinder ermutigt und als Sieger zum Könige vorausgeschickt hat, indem sie auch selbst alle Kämpfe ihrer Kinder durchmachte, froh und jubelnd über den Ausgang zu ihnen, wie wenn sie zu einem Hochzeitsmahl geladen, nicht aber den Tieren vorgeworfen wäre. Und nachdem sie die Geisselhiebe, die wilden Tiere, die Röstpfanne kennen gelernt hatte, wurde sie zuletzt in ein Fischernetz gelegt und einem Stier vorgeworfen; und nachdem sie oft genug von dem Tiere emporgeschleudert worden war, wurde auch sie getötet, bereits empfindungslos für das, was ihr widerfuhr, wegen der Hoffnung und Erwartung dessen, was ihr zugesichert war, und wegen ihres Verkehrs mit Christus; und auch die Heiden selbst bekannten, dass niemals bei ihnen ein Weib solches und sovieles gelitten habe. Aber auch so war ihre Wut und ihre Grausamkeit gegen die Heiligen noch nicht gesättigt. — — —

Denn die im Gefängnis Erstickten warfen sie den Hunden vor und hielten bei Nacht und Tag sorgfältig Wache, dass keiner von uns begraben würde. Und dann stellten sie das von den Tieren und vom Feuer Uebriggelassene aus, zerfleischt und verkohlt, wie es war, und die Köpfe der übrigen mitsamt ihrem Rumpfe[1]) liessen sie ebenfalls unbeerdigt von Soldaten viele Tage lang sorgfältig bewachen. Und die einen waren voll Wut und knirschten

---

ex poenitentia impetret. Sine auctore vero propositi libelli in nullo crimine locum habere debent. Nam et pessimi exempli nec nostri saeculi est. — Noch günstiger waren die Christen unter Hadrian (117—138) gestellt, wenn sein Schreiben an den Statthalter von Asien, Minucius Fundanus, das Justin, Apol. 1, 68 mitteilt, echt ist, wofür neuerdings wieder Mommsen (Sybels Ztschr. 1890, 420; s. o. S. 95, Anm. 2) sehr entschieden eintritt. Am Schluss jenes Schreibens heisst es: „Wenn einer also die Klage erhebt und beweist, dass gedachte Leute [die Christen] etwas gegen die Gesetze thun, so sollst du, je nachdem es ihre Vergehungen verdienen (pro merito peccatorum), auch Strafen verhängen. Dafür sollst du [aber] beim Herkules entschieden Sorge tragen, dass du, wenn jemand in verleumderischer Absicht einen von diesen vor Gericht zieht, gegen ihn [den Verleumder] seiner Nichtswürdigkeit entsprechend mit strengeren Strafen vorgehst." || [1]) τοῖς ἀκοτμήμασιν αὐτῶν.

mit den Zähnen gegen sie, indem sie eine noch weitergehende Rache an ihnen zu nehmen suchten, andere verlachten und verspotteten sie, indem sie zugleich ihre Götzen priesen und ihnen die Bestrafung jener zuschrieben, die Mildesten aber und, wie es schien, bis zu einem gewissen Grad Mitleidigen, stiessen viele Lästerungen aus, indem sie sprachen: Wo ist ihr Gott, und was hat ihnen ihre Religion geholfen, die sie sogar mehr liebten als ihr Leben? — — —

Nachdem nun die Leichname der Märtyrer 6 Tage lang auf jede Art verhöhnt worden und der freien Luft ausgesetzt gewesen waren, wurden sie sodann von den Heiden[1]) verbrannt, zu Asche gemacht und in den nahe vorbeifliessenden Rhônefluss geworfen, damit auch kein Rest von ihnen mehr auf der Erde zu sehen sei. Und dies thaten sie, als ob sie Gott überwinden und ihnen ihre Wiederbelebung[2]) rauben könnten, damit sie, wie jene sagten, auch keine Hoffnung der Auferstehung haben, auf die vertrauend sie eine fremde und neue Religion bei uns[3]) einführen, die Gefahren verachten und willig und mit Freuden in den Tod gehen. Nun lasst uns sehen, ob sie auferstehen werden, und ob ihnen ihr Gott helfen und sie aus unsern Händen reissen kann!

β) **Akten der Märtyrer von Scili in Numidien aus d. J. 180.**[4])

Als Präsens zum zweiten Male und Condianus Konsuln waren, wurden am 16. Tage vor den Kalenden des August, d. i. am 17. Juli, Speratus, Nartzallus und Cittinus, Donata, Secunda und Hestia im Sitzungssaale[5]) zu Karthago vorgeführt.

Der Prokonsul Saturninus spricht zu ihnen: Ihr könnt bei unserm Herrscher Nachsicht finden, sofern ihr Vernunft annehmt.

Der heilige[6]) Speratus antwortete und sprach: Wir haben niemals etwas Böses gethan und niemals geflucht, sondern wir danken sogar auch, wenn man uns übel aufnimmt, denn wir dienen unserm Gott und König.

Der Prokonsul Saturninus sprach: Aber wir verehren Gott auch und unsere Gottesverehrung ist einfach. Wir schwören bei

---

[1]) τῶν ἀνόμων. ‖ [2]) τὴν παλιγγενεσίαν. ‖ [3]) Uebergang zur direkten Rede, eingeleitet durch die Worte: „wie jene sagten". ‖ [4]) Aus Useners Ausgabe (Acta martyrum Scilitanorum graece edita; Bonnae 1881) übersetzt bei Neumann, Der römische Staat und die allgemeine Kirche, I, S. 72-74 ‖ [5]) Im Palaste des Prokonsuls. ‖ [6]) d. h. der Christ.

B. Einzelne Verfolgungen.

dem Genius unseres Herrn des Kaisers und bringen ein Bittopfer für sein Heil. Ihr müsst das auch thun.

Der heilige Speratus antwortete: Wenn du mir geneigtes Gehör schenkst, will ich das Geheimnis der wahren Einfalt mitteilen.

Der Prokonsul Saturninus sprach: Sobald du etwas Ungebührliches gegen unseren Kultus[1]) redest, werde ich dir kein Gehör geben. Schwört lieber bei dem Genius unseres Herrn und Herrschers.[2])

Der heilige Speratus antwortet: Ich kenne das Reich der gegenwärtigen Zeit nicht.[3]) Ich preise und ich diene meinem Gotte, den niemand von den Menschen geschaut hat; denn das ist diesen sinnlichen Augen auch nicht möglich. Diebstahl habe ich nicht begangen. Im Gegenteil, bei jedem Geschäfte zahle ich die Steuer, denn ich kenne unsern Herrn, den König der Könige und Herrscher über alle Völker.

Der Prokonsul Saturninus sprach zu den andern: Lasst von diesem eben dargelegten Glauben ab!

Der heilige Speratus entgegnete: Menschenmord begehen und falsches Zeugnis ersinnen, das ist ein gefährlicher Glaube.

Der Prokonsul Saturninus sprach: Nehmt und zeigt nur keinen Anteil an solcher Tollheit und Verrücktheit!

Der heilige Cittinus nahm nun das Wort und entgegnete: Wir haben niemand anders, den wir fürchten können als den Herrn, unseren Gott, der im Himmel wohnt.

Die heilige Donata sprach: Ehre geben wir dem Kaiser als dem Kaiser, Furcht aber unserm Gotte.

Die heilige Hestia sagt: Ich bin Christin.

Ferner sprach die heilige Secunda: Was ich bin, dabei will ich auch bleiben.

Jetzt sagte der Prokonsul Saturninus zum heiligen Speratus: Bleibst du desgleichen Christ?

Der heilige Speratus sprach: Ich bin Christ. Dasselbe sagten auch die andern Heiligen alle.

---

[1]) Neumann setzt hier die Lesart ἱερῶν für die überlieferte ἱερέων. ‖ [2]) 'Ἀλλ' ὀμόσατε μᾶλλον κατὰ τῆς εὐδαιμονίας τοῦ δεσπότου ἡμῶν αὐτοκράτορος. ‖ [3]) Neumann übersetzt — dem Sinne gewiss entsprechend — οὐ γινώσκω: „ich erkenne nicht an".

Der Prokonsul Saturninus sagte: Möchtet ihr nicht etwa eine Frist zur Ueberlegung haben?

Der heilige Speratus sprach: In einer so erprobten Sache gibt es keinen Rat und keine Ueberlegung.

Der Prokonsul Saturninus sprach: Was sind das für Bücher in eurer Kapsel?

Der heilige Speratus sprach: Unsere heiligen Schriften und die Briefe des heiligen Mannes Paulus ausserdem.[1])

Der Prokonsul Saturninus sprach: Ihr sollt eine Frist von 30 Tagen haben, ob ihr vielleicht zur Vernunft kommt.

Der heilige Speratus entgegnete darauf: Ich bin unwiderruflich Christ. Das riefen zugleich auch die andern einmütig.

Da sprach der Prokonsul Saturninus das Urteil über sie in folgender Zusammenfassung: Da Speratus, Nartzallus und Cittinus, Donata, Hestia und Secunda sowie die nicht Erschienenen nach der christlichen Satzung zu leben bekannt haben, und da sie trotz Gewährung einer Frist für die Rückkehr zur römischen Tradition in ihrer Meinung unwandelbar geblieben sind, so ordnen wir an, dass sie mit dem Schwerte hingerichtet werden.

Da dankte der mit dem Kampfpreis Christi gekrönte Speratus frohlockend unserm Gotte, der sie in den Tod für ihn gerufen. Und der heilige Nartzallus rief freudig aus: Heute werden wir Gott wohlgefällige wahrhafte Märtyrer im Himmel. Da liess der Prokonsul Saturninus durch den Herold die Namen der heiligen Märtyrer verkünden, nämlich Speratus, Nartzallus. Cittinus, Veturius, Felix, Aquilinus, Caelestinus, Januaria, Generosa, Hestia, Donata und Secunda. Darauf priesen alle die Heiligen einstimmig Gott und sprachen: Wir danken dir, dreimal heiliger Herr, und rühmen dich, dass du den Kampf des Bekenntnisses gnädig vollendet hast, und dein Reich bleibt in Ewigkeit. Amen. Und als sie Amen gerufen, wurden sie mit dem Schwerte vollendet, am 17. Juli. Die Heiligen waren aus Scili in Numidien, bestattet sind sie in der Nähe der Metropolis Karthago. Als sie das Martyrium erlitten, war Präsens zum 2. Male und Condianus Konsul, Saturni-

---

[1]) Diese werden nach Neumanns (und Harnacks) Auffassung von Speratus nicht zur heiligen Schrift gerechnet: unter βίβλοι ist dann also wohl nur das A. T. zu verstehen. Anders als die Märtyrer von Scili urteilen die S. 77, Anm. 9 angeführten zeitgenössischen Schriftsteller.

nus Prokonsul und unserer Auffassung nach König unser Herr Jesus Christus. Ihm gebührt jeglicher Ruhm, jegliche Ehre und Anbetung samt dem allheiligen und lebenwirkenden Geiste jetzt und immer und in Ewigkeit. Amen.

3. Allgemeine und prinzipielle Christenverfolgungen.

a) Uebergang: Unter Maximinus Thrax. (235—238.)

Euseb., K. G. VI, 28.

Dem römischen Kaiser Alexander,[1] welcher 13 Jahre lang regiert hatte, folgte der Kaiser Maximinus, welcher aus Hass gegen das Haus Alexanders, das aus mehreren Gläubigen bestand,[2] eine Verfolgung erregte, aber nur die Vorsteher der Gemeinden, weil sie der Lehre nach dem Evangelium schuldig waren, zu töten befahl. Damals verfasste auch Origenes seine Schrift über das Martyrium und widmete sie dem Ambrosius und dem Protoktetus, einem Presbyter der Gemeinde[3] zu Caesarea, weil beide während der Verfolgung nicht geringe Gefahr bedroht hatte, in der die Männer sich durch ihr Bekenntnis, wie erzählt wird, ausgezeichnet haben, da [!] Maximinus nicht länger als 2 Jahre regierte.

b) Unter Decius. (249—251.)

α) Die Verfolgung.

Eus. K. G. VI, 39 ff.

Auf Philippus, der 7 Jahre regiert hatte, folgte Decius, der c. 39. aus Hass gegen Philippus[4] eine Verfolgung gegen die Gemeinden erregte. — —

Derselbe[5] erzählt in seinem Briefe an Fabianus, den Bischof c. 41, 1. der Antiochier, die Kämpfe derer, die unter Decius in Alexandria zu Märtyrern wurden, auf folgende Weise: „Nicht [erst] mit dem kaiserlichen Edikte begann die Verfolgung bei uns, sondern sie ging [ihm] ein ganzes Jahr voraus. — — Zuerst nun ergriffen sie 3. einen alten Mann Namens Metras und befahlen ihm, gottlose Worte zu sprechen, und da er nicht gehorchte, so schlugen sie

---

[1] Alexander Severus. ǁ [2] In Wirklichkeit hatte es sich nur duldsam gegen die Christen erwiesen. ǁ [3] παροικίας (Parochie). ǁ [4] Auch Philippus Arabs (244—249) war gegen die Christen duldsam gewesen. ǁ [5] Nämlich Dionysius, zur Zeit der Decianischen Verfolgung Bischof in Alexandria.

ihn mit Hölzern am Leibe, durchstachen ihm mit spitzigen Rohren das Gesicht und die Augen, führten ihn in die Vorstadt und steinigten ihn. — — —

10. Und nun war auch das Edikt erschienen, beinahe dasselbe wie das, von dem der Herr vorausgesagt hatte, es werde das Furchtbarste ans Licht fördern, sodass es, wenn möglich, auch die
11. Auserwählten irre machen werde.¹) Es erschraken doch wenigstens alle, und viele der Vornehmeren gingen sogleich aus Furcht hin,²) andere, die im Staatsdienste standen, wurden von ihren Geschäften weggeführt, wieder andere von ihrer Umgebung hingeschleppt; und namentlich aufgerufen traten sie zu den unreinen und unheiligen Opfern, die einen erbleichend und zitternd, wie wenn sie nicht opfern, sondern selbst den Götzen als Opfer und Schlachttiere dienen sollten,³) sodass sie von dem zahlreich umherstehenden Volke verspottet wurden, sie seien offenbar zu allem [zu] feige,
12. sowohl zum Sterben, als zum Opfern; andere aber liefen bereitwilliger zu den Altären und versicherten mit der ihnen eigenen Frechheit, dass sie auch früher nicht Christen gewesen seien. — —
21. Ein gewisser Nemesion aber, auch er ein Aegypter, wurde verleumdet, ein Genosse von Räubern zu sein; als er aber vor dem Centurio sich von dieser durchaus unerhörten⁴) (gegen ihn gerichteten) Verleumdung frei gemacht hatte, wurde er als Christ angezeigt und kam gefesselt vor den Statthalter. Dieser Ungerechteste aber misshandelte ihn mit doppelt sovielen Folterqualen und Geisselhieben als die Räuber und verbrannte ihn dann zwischen den Räubern. — —

β) Ein Libellus aus der Zeit des Decius.⁵)

Der Opfercommission⁶) des Dorfes Alexander-Insel [eingereicht]

---

¹) Mt. 24, 24. ‖ ²) Aufs Rathaus. ‖ ³) Es ist hier von den Abtrünnigen (Lapsis) die Rede, welche den heidnischen Göttern opferten (den sacrificati); im Bericht des Plinius (oben S. 101) ist von solchen die Rede, die den Göttern Weihrauch streuen (thurificati), S. 92, Anm. von Traditoren; noch andere verschafften sich für Geld eine unwahre Opferbescheinigung; libellis . . . conscientiam miscuerunt: Cyprian, de lapsis, c. 27; daher libellatici genannt, z. B. Cypr., Brief 55, c. 14 u. 17. Libellus bedeutet übrigens zunächst das Gesuch um die Bescheinigung (Krebs, Sitzungsber. der Akad. der Wissensch. zu Berlin, 1893, S. 1012.) — Vgl. oben S. 13. ‖ ⁴) ἀλλοτριωτάτην. ‖ ⁵) Gefunden auf einem Papyrus in der Oase Fayûm (nördl. Mittelägypten) mitgeteilt in den Sitzungsber. der Kgl. preuss. Akad. der Wissensch. zu Berlin, 1893, 2, S. 1008, von Dr. Krebs. ‖ ⁶) Τοῖς ἐπὶ θυσιῶν ᾑρημένοις.

B. Einzelne Verfolgungen.

von Aurelius Diogenes, dem Sohne des Sabatus von Alexander-Insel, 72 Jahre alt, mit einer Narbe an der rechten Augenbraue.[1]

Ich habe sowohl [sonst] immer den Göttern geopfert, als auch jetzt in eurer Gegenwart der Verordnung gemäss geopfert und — —[2] und bitte euch, [dies] zu bescheinigen. Lebet wohl!

Ich, Aurelius Diogenes, habe [dies Gesuch] eingereicht.[3]

c) Unter Diokletian. (Seit 303.)

a) Lage der Christen vor der Verfolgung.

Eus. VIII, 1, 1-5.

Wie grosser und welcherlei Ehre und Freiheit vor der über uns verhängten Verfolgung das durch Christus der Welt verkündigte Wort des Glaubens[4] an den Gott des Alls bei allen Menschen, Hellenen sowohl als Barbaren, gewürdigt ward, das ist etwas Grösseres, als dass es von uns würdig geschildert werden könnte. Zeugnisse dafür dürften die Gunstbeweise der Herrscher gegen die Unsrigen sein, denen sie sogar die Statthalterstellen der Völker anvertrauten, indem sie sie von der Sorge betreffs des Opferns in grossem Wohlwollen, das sie gegen die [christliche] Lehre gefasst hatten, befreiten.[5] Was soll ich von den kaiserlichen Hofleuten und den über allen stehenden Herrschern sagen? Sie gestatteten ihren Hofleuten, sich offen vor ihren Augen zum göttlichen Wort und Leben zu bekennen, [desgleichen] ihren Frauen, Kindern und Sklaven, ja fast sich zu rühmen mit ihrer Glaubensfreudigkeit; sie hielten sie ausnehmend und mehr als ihre Mitbediensteten in Ehren. — — — Und welche Achtung genossen auch die Vorsteher jeder Gemeinde bei allen Beamten und Prokonsuln! Wie könnte ferner jemand jene zahllosen Versammlungen schildern, die Massen, welche

---

[1] „Besonderes Merkmal". ‖ [2] Lücke. Nach einem inzwischen von Wessely veröffentlichten zweiten libellus wohl zu ergänzen: gespendet und am Opfermahle teilgenommen. Vgl. Harnack, Theol. Lit.-Ztg. 1894, 6, Sp. 162 f. ‖ [3] Die nächsten sehr lückenhaft erhaltenen Zeilen scheinen das Zeugnis des Beamten zu enthalten, dass er den Bittsteller habe opfern sehen (θύοντα). Darauf folgt die Datierung. ‖ [4] εὐσεβείας. ‖ [5] Vgl. das Edikt des Gallienus (261; bei Eus. K. G. VII, 13): Um die Wohlthat meines Geschenkes (des Ediktes vom vorhergehenden Jahre) über die ganze Welt auszudehnen, habe ich befohlen, dass man die für den Gottesdienst bestimmten Räume herausgibt (ὅπως ἀπὸ τῶν τόπων τῶν θρησκευσίμων ἀποχωρήσωσι). Und deshalb könnt auch ihr euch der Züge meiner Schrift bedienen (τῆς ἀντιγραφῆς τῆς ἐμῆς τῷ τόπῳ), damit niemand euch beunruhige. Und das, was nach meiner Erlaubnis von euch ausgeübt werden kann, ist schon vor langer Zeit von mir gestattet worden.

die in jeder Stadt abgehaltenen Zusammenkünfte besuchten, den stattlichen Zulauf zu den Bethäusern?¹) Deshalb kamen sie durchaus nicht mehr mit den alten Gebäuden aus, sondern erbauten in allen Städten von Grund auf sehr geräumige Kirchen.²)

β) Die Verfolgung selbst.
Eus., K. G. VIII, 2,4—3. — 5. 6.

2. Es war das 19. Jahr der Regierung des Diokletian, der Monat Dystros (bei den Römern dürfte er Martius heissen),³) in dem kurz vor dem Feste des heilbringenden Leidens allerorten kaiserliche Edikte verbreitet wurden, die befahlen, man solle die Kirchen dem Erdboden gleich machen, die [heiligen] Schriften durch Feuer vertilgen, die, welche eine Ehrenstelle bekleideten, sollten dieser, die aber, welche sich in dienender Stellung befänden,⁴) der Freiheit beraubt werden, wenn sie bei dem Bekenntnis des Christentums⁵) blieben. Dieser Art also war das erste Edikt gegen uns; nach kurzer Frist aber kamen andere Edikte hinzu mit dem Befehle, alle Vorsteher der Gemeinden an allen Orten zuerst in Fesseln zu legen, später sodann sie auf jede Art zum Opfern zu zwingen.

3. Damals nun erduldeten sehr viele Vorsteher der Gemeinden willig furchtbare Misshandlungen und boten so das Schauspiel grosser Kämpfe dar, zahllosen anderen aber erstarrte im Voraus das Herz vor Angst, und so erlagen sie gleich beim ersten Angriff. Von den übrigen aber bot ein jeder ein verschiedenes Bild von Qualen dar; der eine wurde mit Geisseln am Körper misshandelt, der andere mit Folterqualen und unerträglichen Schindereien⁶) bestraft, wobei schon einige ein höchst elendes Lebensende fanden. Andere wiederum bestanden den Kampf auf andere Weise. Der eine nämlich, den andere mit Gewalt fortstiessen und zu den frevelhaften und schändlichen Opfern hinschleppten, wurde entlassen, wie wenn er geopfert hätte, auch wenn er nicht geopfert hatte; ein andrer brauchte sich nicht einmal [dem Altar] zu nahen noch etwas Frevelhaftes zu berühren, sondern nur zu der Verleumdung zu schweigen, wenn andere sagten, er habe geopfert, um frei auszugehen; ein andrer wurde halbtot aufgehoben und, wie wenn er

---

¹) προσευκτηρίοις. ‖ ²) ἐκκλησίας. ‖ ³) Also im März 303. ‖ ⁴) τοὺς δὲ ἐν οἰκετίαις. ‖ ⁵) τῇ τοῦ Χριστιανισμοῦ προθέσει ‖ ⁶) ξεσμοῖς ἀνυπομονήτοις.

B. Einzelne Verfolgungen. 111

schon tot wäre, hingeworfen. Wieder ein andrer, der auf dem Boden lag, wurde ein gutes Stück an den Füssen weggeschleppt, indem man ihn unter die zählte, welche geopfert hatten; dabei schrie aber der eine und legte mit lauter Stimme Zeugnis ab, dass er sich zu opfern weigere, und ein andrer rief laut, er sei ein Christ, und erwarb sich durch das Bekenntnis des heilbringenden Namens Ruhm; noch ein andrer versicherte beharrlich, er habe nicht geopfert und werde nie opfern. Dennoch nun aber wurden auch diese durch die zahlreichen Hände der zu diesem Zweck aufgestellten Truppenabteilung auf den Mund geschlagen und zum Schweigen gebracht, auf Gesicht und Wangen geschlagen und gewaltsam fortgejagt. So legten durchweg die Feinde der Frömmigkeit einen hohen Wert auf den Schein, etwas ausgerichtet zu haben. — —

Sobald nun das Edikt gegen die Gemeinden in Nikomedien 5. öffentlich angeschlagen war, riss sogleich einer, der zu den Angesehenen, ja hinsichtlich der in der Welt geltenden Würden sogar Hochangesehenen gehörte, von dem Eifer um Gott überwunden und von feurigem Glauben getrieben, das an einem weithin sichtbaren öffentlichen Ort hängende [Edikt] als ein ruchloses und höchst gottloses herab und in Stücke, während zwei Kaiser in derselben Stadt zugegen waren, der älteste unter den übrigen und der, welcher den 4. Herrscherplatz von ihm aus gerechnet innehatte.[1]) Dieser [Mann] zeichnete sich zuerst unter den damals Lebenden auf diese Weise aus; und sogleich erduldete er derartiges, wie es auf solche Kühnheit hin zu erwarten war, und bewahrte noch bis zum letzten Atemzuge seine Heiterkeit und Unerschütterlichkeit.

— — — Einer[2]) wurde in der vorher erwähnten Stadt vor die 6, (2). genannten Herrscher öffentlich vorgeführt. Es wurde ihm nun also zu opfern befohlen, und als er sich widersetzte, wird angeordnet, dass er nackt in die Luft emporgehoben und sein ganzer Körper mit Geisseln zerfleischt werde, bis er nachgebe und, wenn auch unfreiwillig, das Befohlene thue. Als er aber auch unter diesen Leiden unerschütterlich blieb, so mischten sie, als schon seine Knochen zum Vorschein kamen, noch Weinessig mit Salz und gossen es auf die schon in Fäulnis versetzten Teile seines Körpers. Als er

---
[1]) Diokletian und Galerius. ‖ [2]) von den kaiserlichen Pagen (βασιλικοί παῖδες).

aber auch diese Schmerzen verachtete, da wurde ein Rost und Feuer in die Mitte gestellt, und das, was ihm von seinem Körper übrig geblieben war, nach Art von essbaren Fleischstücken von dem Feuer [gebraten],¹) nicht auf einmal, damit er nicht rasch davonkomme und in kurzer Zeit verzehrt werde, [sondern langsam,] indem die, welche ihn auf die Feuerstätte legten, ihn nicht eher wegnehmen durften, als bis er [sei es] auch [erst] nach solchen Leiden sich zu dem Befohlenen herbeiliesse. Er aber hielt fest an seinem Vorsatz und gab als Sieger mitten in diesen Qualen seinen Geist auf. — —

Zu dieser Zeit wurde der damalige Vorsteher der Gemeinde zu Nikomedien, Anthimus, um des Bekenntnisses zu Christus willen enthauptet. Ihm aber wurde noch eine grosse Menge von Märtyrern hinzugefügt, weil in denselben Tagen, ich weiss nicht wie, in dem Kaiserpalast zu Nikomedia eine Feuersbrunst ausgebrochen war; da sich nämlich auf Grund falschen Verdachtes das Gerücht verbreitete, sie sei von den Unsrigen angelegt, so wurden auf kaiserlichen Befehl die dortigen Frommen jeder Art haufenweise teils mit dem Schwert hingerichtet, teils durch Feuer zur Vollendung geführt. Mit unbeschreiblicher Freudigkeit, so wird erzählt, stürzten sich Männer wie Weiber auf den Scheiterhaufen; eine andere Menge banden die Henker auf Kähnen und warfen sie in die Tiefen des Meeres. Auch die kaiserlichen Pagen aber glaubten ihre vermeintlichen Herren²) nach ihrem Tode, nachdem sie der Erde mit der gebührenden Ehre übergeben worden waren, wieder von neuem ausgraben und ins Meer werfen [lassen] zu müssen, damit man sie nicht etwa, wenn sie im Grabe ruhten, anbetete, indem man sie, wie jene wenigstens glaubten, für Götter hielte. Dies ereignete sich so zu Nikomedia im Anfang der Verfolgung.

Nicht lange nachher, als einige in der sog. melitinischen Landschaft³) und wiederum andere in Syrien⁴) sich der Herrschaft zu bemächtigen trachteten, da erging ein kaiserlicher Erlass, die Vorsteher der Gemeinden allerorten in Gefängnisse und Fesseln zu legen.⁵) Und der Anblick dessen, was infolge davon geschah, über-

---

¹) Das Verbum fehlt im Urtext. ‖ ²) Ihr wahrer Herr war Christus. — „Die Pagen" sind hier Objekt. ‖ ³) Melitene, jetzt Malatiah, Stadt im östlichen Kappadozien. ‖ ⁴) ἀμφὶ τὴν Συρίαν. ‖ ⁵) Die Aufstände werden den Christen schuld gegeben.

B. Einzelne Verfolgungen.

stieg alle Beschreibung, indem eine zahllose Menge[1]) an jedem Ort eingekerkert wurde, und indem die Kerker allerorten, die dermaleinst für Mörder und Grabplünderer erbaut worden waren, damals mit Bischöfen, Presbytern und Diakonen, Vorlesern und Teufelsaustreibern sich füllten, sodass nicht einmal mehr Platz für die wegen Verbrechen Verurteilten darin übrig blieb. Als aber wieder andere Edikte den ersten nachfolgten, in denen angeordnet wurde, man solle die Eingekerkerten, wenn sie opferten, in die Freiheit entlassen, wenn sie aber sich widersetzten, mit zahllosen Qualen zerfleischen,[2]) wie könnte einer da wieder die Menge der Märtyrer in jeder Provinz zählen, insbesondere derer in Afrika und im Volke der Mauren, in der Thebais und in Aegypten! —

γ) Heidnischer Edelmut.

Athanasius, Geschichte der Arianer für die Mönche, § 64.[3])

Wer würde also diese[4]) auch [nur] Heiden nennen, geschweige denn Christen? Wer sollte ihren Charakter für einen menschlichen, und nicht vielmehr für einen tierischen halten wegen der Grausamkeit und Wildheit ihres Verfahrens? Denn sie sind noch schlechter als die Henker und dreister als andere Sekten; denn sie stehen weit hinter den Hellenen[5]) zurück, ja sind sogar sehr weit von ihnen entfernt. Denn ich habe von unsern Vätern gehört und halte ihre Erzählung für wahr, dass anfangs,[6]) als unter

---

[1]) Vgl. hierzu Hausrath, Kleine Schriften religionsgeschichtlichen Inhalts, S. 45: „Dennoch hat Eusebius nur 9 Bischöfe zusammengebracht, die in diesen letzten Kämpfen von Diokletian bis Konstantin ihr Leben liessen, und die Zahl aller Märtyrer in Palästina beläuft sich nach seiner eigenen Erzählung auf nur 92." ∥ [2]) Zu den 3 schon in Kap. 2 erwähnten Edikten, von denen das 2. die Einkerkerung der Kleriker, das 3. die Anwendung des Opferzwangs gegen diese verordnete, kam also noch ein 4., das die im 2. und 3. enthaltenen Bestimmungen auf die Laien ausdehnte. Es findet sich bei Eus. de martyr. Pal. 3. Hier ist von dem kaiserlichen Erlass die Rede, „in dem durch allgemeine Verordnung (καθολικῷ προςτάγματι) geboten wurde, dass jedermann von Stadt zu Stadt den Göttern opfern und Libationen (Trankopfer) darbringen solle." ∥ [3]) Athanasius, Historia Arianorum ad Monachos. Migne, patr. graec. t. 25. Athanasius, Bischof von Alexandria, † 373. [4]) Die Arianer, die auf dem Konzil zu Nicäa verworfene Partei, die zeitweilig wieder die Oberhand gewann und dann ihrerseits die orthodoxen Christen verfolgte. ∥ [5]) = Heiden. ∥ [6]) τὸ πρῶτον.

114   VI. Christenverfolgungen.

Maximian, dem Grossvater des Konstantius,[1]) eine Verfolgung ausbrach, die Hellenen unsere Brüder, die gesuchten Christen, verbargen. Und oft verloren sie ihre Habe und gingen in die Kerker, um nur nicht Verräter der Flüchtlinge zu werden; denn sie bewachten die Flüchtigen wie sich selbst und waren bereit, Gefahren für sie zu bestehen. Jetzt aber thun diese bewundernswerten Erfinder der neuen Ketzerei,[2]) die durch nichts anderes als durch ihre Verfolgerwut[3]) berühmt sind, gerade das Gegenteil. Denn sie werden von freien Stücken zu Henkern und suchen alle auszuliefern und bereiten auch den Verbergenden Nachstellungen, indem sie den Verbergenden und den Verborgenen in gleichem Grade hassenswert finden.

C. Abschluss der Verfolgungen durch das Edikt von Mailand (313).[4])

Eus. K. G. X, 5.

Schon ehedem hatten wir in der Erwägung, dass die Freiheit der Religionsübung nicht zu verweigern, sondern dem Sinn und Willen eines jeden das Recht zu gewähren ist, die göttlichen Angelegenheiten nach eigenem Gutdünken zu ordnen, jedem [Beamten] Befehl erteilt [sich hiernach zu richten] und [auch] den Christen [das Recht], den Glauben ihrer eigenen Sekte und Religion zu bewahren.[5]) Aber da viele und verschiedene Bedingungen in jener Urkunde, in der ihnen dieses Recht zugestanden wurde, deutlich hinzugefügt zu sein schienen, so wurden vielleicht einige von ihnen nach kurzer Zeit von dieser Religion zurückgestossen. Als ich, der Kaiser[6]) Konstantinus, und ich, der Kaiser Licinius, glücklich nach Mailand gekommen waren und alles, was zu Nutz und Frommen des Staates beiträgt, erwogen, so beschlossen wir, unter dem Uebrigen, was in vielen Stücken allen nützlich zu sein schien, ja vielmehr vor allem, das zu ordnen, worauf die Scheu und Ehrfurcht gegen die Gottheit beruhte, nämlich, dass wir sowohl den

---

[1]) Konstantius ist der Sohn Konstantins des Gr. und dieser der Schwiegersohn des Maximian, der mit Diokletian gemeinsam regierte. ‖ [2]) Die Arianer. ‖ [3]) τοῦ ἐπιβουλεύειν. ‖ [4]) Schon Galerius hatte 311 ein Duldungsedikt erlassen (Eus. K. G. VIII, 17); es war jedoch von Maximinus wieder umgestossen worden (ebendas. IX, 7). ‖ [5]) τῆς αἱρέσεως καὶ τῆς θρησκείας τῆς ἑαυτῶν τὴν πίστιν φυλάττειν. Der ganze Satz ist anakoluthisch und der Sinn nur vermutungsweise durch die eingeklammerten Zusätze hergestellt worden. ‖ [6]) ὁ Αὔγουστος

C. Abschluss der Verfolgungen durch d. Edikt v. Mailand.

Christen, als auch allen [andern] freie Wahl gewähren, der Gottesverehrung zu folgen, welcher sie wollen, damit,[1]) was es auch immer um die Gottheit und das himmlische Wesen sei, sie uns und allen, die unter unserer Herrschaft leben, gewogen sein könne. — — — Dies geschieht offenbar der Ruhe unserer Zeiten angemessen. — — —

Ausserdem aber verfügen wir in Anbetracht[2]) der Christen noch dies, dass ihre Orte, an denen sie früher zusammenzukommen pflegten, über die auch in den früher an deine Excellenz[3]) gerichteten Schreiben in früherer Zeit eine andere Bestimmung getroffen worden war, — dass, wenn es sich herausstellte, dass jemand diese [Orte] von unserer Schatzkammer oder von sonst jemand gekauft hätte, er sie denselben Christen ohne Entgelt und ohne Zurückforderung des dafür gezahlten Preises,[4]) ohne jeden Verzug und ohne jede Zweideutigkeit zurückgebe und, wenn jemand diese Orte zum Geschenk bekommen hat, dass er sie selbigen Christen in gleicher Weise aufs schleunigste zurückgebe. Wenn die, welche diese Orte gekauft, oder die, welche sie zum Geschenk erhalten haben, etwas von unserer Güte wünschen,[5]) so mögen sie sich an den für diese Orte zuständigen Statthalter wenden, damit auch für sie durch unsere Güte gesorgt werde. — — — Und da die besagten Christen nicht nur jene Orte, an denen sie zusammenzukommen pflegten, sondern bekanntlich auch andere Orte besessen haben, die nicht einem einzelnen von ihnen gehören, sondern zu der Gerechtsame ihrer ganzen Körperschaft,[6]) nämlich derjenigen der Christen, so sollst du befehlen, dies alles auf Grund des oben aufgestellten Gesetzes ohne jeglichen Streit besagten Christen, d. h. ihrer Körperschaft und Gemeinde[7]) . . . zurückzuerstatten.

— — — In alledem hast du der besagten Körperschaft der Christen deinen [Dienst-]Eifer nach Kräften zur Verfügung zu

---

[1]) ὅπως δ τί ποτέ ἐστι θειότης (θειότητος?) καὶ οὐρανίου πράγματος. || [2]) εἰς τὸ πρόςωπον. || [3]) καθοσίωσις. Hier jedenfalls die offizielle Anrede eines hohen Beamten, etwa des Praefectus praetorio. || [4]) ἄνευ τινὸς ἀπαιτήσεως τῆς τιμῆς ὑπερτεθείσης. || [5]) αἰτῶσί τι παρὰ τῆς ἡμετέρας καλοκἀγαθίας. || [6]) διαφέροντας οὐ πρὸς ἕκαστον αὐτῶν, ἀλλὰ πρὸς τὸ δίκαιον τοῦ αὐτῶν σώματος. || [7]) συνόδῳ. Es folgen darauf die unverständlichen und unübersetzt gebliebenen Worte ἑκάστῳ αὐτῶν. Sollte vor ἑκάστῳ ein οὐ ausgefallen sein? Vgl. oben διαφέροντας οὐ πρὸς ἕκαστον αὐτῶν.

stellen, damit unser Befehl aufs schleunigste vollzogen werde, damit auch in dieser Hinsicht durch unsere Güte für die gemeinsame und öffentliche Ruhe gesorgt werde. Denn aus diesem Grunde wird, wie schon gesagt, die göttliche Gunst gegen uns, die wir schon in vielen Angelegenheiten erfahren haben, allezeit unwandelbar bleiben. Damit aber die Absicht dieser unserer Verfügung und Güte[1]) zur Kenntnis aller gebracht werden könne, ist es angemessen, dieses unser Schreiben allerorten öffentlich anzuschlagen. . . . . . .

[1]) Am Schluss steht dafür der Ausdruck: ταύτης τῆς ἡμετέρας καλοκἀγαθίας ἡ νομοθεσία.

Berichtigung.

S. 95, Z. 3 v. u. muss es heissen: S. 101, Anm. 3 (statt S. 97, Anm. 4).